一把直尺闯天下

股票操作中的画线方法与应用技巧

戈　岩◎著

中国宇航出版社
·北京·

内 容 简 介

本书主要介绍在股票操作中通过画线工具如何找到买卖点，如何实现盈利。本书不仅详细讲解了画线理论与画线方法，还讲解了在技术指标中画线工具的应用，理论与实战紧密结合，方法来源于道氏理论、波浪理论、江恩理论，又用这些经典理论指导实战，举一反三，灵活运用。在讲解每一个有效的操作系统时，都能把K线知识、切线知识、均线知识、指标知识、成交量知识等内容融会进去，操作性极强。

图书在版编目（CIP）数据

一把直尺闯天下 ： 股票操作中的画线方法与应用技巧 / 戈岩著. -- 北京 ： 中国宇航出版社，2018.10
（2025.10重印）
ISBN 978-7-5159-1508-1

Ⅰ. ①一… Ⅱ. ①戈… Ⅲ. ①股票交易－基本知识 Ⅳ. ①F830.91

中国版本图书馆CIP数据核字(2018)第189551号

策划编辑 田芳卿
责任编辑 吴媛媛　　**装帧设计** 宇星文化

出版发行 中国宇航出版社
社　址 北京市阜成路8号　**邮　编** 100830
(010)60286808　(010)68768548
网　址 www.caphbook.com
经　销 新华书店
发行部 (010)60286888　(010)68371900
(010)60286887　(010)60286804(传真)
零售店 读者服务部
(010)68371105
承　印 北京厚诚则铭印刷科技有限公司

版　次 2018年10月第1版
2025年10月第7次印刷
规　格 787×1092
开　本 1/16
印　张 15.75
字　数 205千字
书　号 ISBN 978-7-5159-1508-1
定　价 48.00元

本书如有印装质量问题，可与发行部联系调换

前 言

Preface

股市中既有一部分人快速致富的励志故事，也有一部分人倾家荡产的悲剧故事。动听的故事人人向往，悲剧故事人们想听又怕听，谁都不希望这样的故事在自己身上重演。不管大家抱着什么样的心态进入股市，只要来了，盈和亏就不可避免。而且，股市符合“二八法则”，赚钱的总是少数。

为了成为少数中的一员，人们苦苦寻找制胜法宝，从星相到易经，从气功到八卦，似乎毫无联系的各种理论都被人们运用到了股市中，目的是希望准确地判断出股价的涨跌。在中国股市二十几年的风风雨雨中，很多人按星相、易经等理论指导买卖，效果似乎并不理想。即便一些分析方法被冠以权威理论、经典技术，股民也难以从中赚钱。

股市有各种各样的分析方法，有简单的也有复杂的。其实大道至简，最简单的方法往往最有效，画线分析方法就是一种最简单且有效的分析方法。

目前各种分析软件中都有画线功能，在盘面上画出各种切线来预测后市，寻找买卖点，这种分析方法称为画线分析方法。

与其他分析方法相比，画线分析更注重行情的价格、时间、成交量、空间这四个元素，更注重趋势的方向，更注重支撑和压力的作用。画线分析主要用于把握买卖时机。大家都知道选时的重要性，俗话说，“选股不如选时”，一只再好的股票，如果买进时机不对，都有可能被套牢产生巨亏；一只不被大家看好的股票，如果买对了时机，则有可能获得丰厚的投资收益。

从一定程度上来说，股票的好坏不是绝对的，而是相对的，选择正确的买点才是盈利的关键。画线分析方法能很好地解决选时与判势的问题。

当然，画线并不如想象的那么简单。画线涉及趋势理论、周期理论、波浪理论、黄金分割理论、江恩理论、形态理论等，正确画线是建立在扎实的理论基础和先进的投资理念上的。

目前国内尚没有一本专门论述画线理论的书籍。市面上有些书籍曾提到过画线理论，但基本上都是泛泛论述几种画线的方法，如趋势线、水平线、黄金分割线、百分比线、速度线、角度线等，很少有对画线理论进行全面深入分析的。其实，画线理论以其简单、实用、有效等特点，一直是股市、期货、外汇、权证等各类投资市场中长盛不衰的技术分析方法，深受广大技术分析者的喜爱。

为了能够让更多的投资者正确掌握画线分析方法，提高投资操作水平，笔者将十几年来的炒股心得和研究成果汇集成册，从简单性、全面性、系统性、权威性和实用性五个方面出发，与实战相结合，较为全面地讲解股市中的各种画线方法与技巧。

本书不仅详细讲解了画线理论与画线方法，还讲解了在技术指标中如何画线及如何操作。本书理论与实战紧密结合，方法来源于道氏理论、波浪理论、江恩理论，又能用这些经典理论指导实战，举一反三，灵活运用。在讲解每一个有效的操作系统时，都能把K线知识、切线知识、均线知识、指标知识、成交量知识、波浪理论知识融会进去，操作性极强，胜算概率极大。

戈岩

2018年7月

目 录

Contents

第一章　切线的意义

在技术分析中，画线有很重要的意义，所画的每一条线都代表了压力或支撑，包含价、量、时、空等重要元素。

学习切线理论，是进入股市技术分析领域必要的步骤，切线理论是一种非常有效的技术分析理论，掌握切线理论，终身受用。只要身处股市之中，必定天天使用切线。

本章内容讲解如何寻找有意义的转折点，画出精准的切线。

第一节　切线的作用

切线在预测未来趋势时非常有效。所谓切线，是指股价较为明显的转折点之间的连线，比如高点与高点的连线、低点与低点的连线、K线左右两边之间高点与低点的连线等，这些线有的是倾斜的，有的是水平的，有的斜率小，有的斜率大。在实际走势中，这些线对股价上涨起到了压力的作用，对股价下跌起到了支撑的作用。如果股价在一对平行线内上下波动，这对平行线就构成了股价上升或下降的轨道线。另外，还有趋势线、水平线、黄金分割线、百分比线、角度线等，这些都属于本书要讲的切线。

总之，切线种类繁多，作用大小不一，但对研判大盘和个股的趋势，寻找个股的买卖时机都相当有效。在股市中，只有认清趋势，顺势而为，才有可能立于不败之地；只有找准买卖点，才能做到利润最大化。

虽然说切线画起来较为简单，但其技术内涵非常丰富，通过线条的方式阐释了股价运行过程中时间和空间、平衡和突破、反转和延续、角度与距离等技术内涵。

画切线的主要目的是认清趋势，寻找股价的压力和支撑，从而找到买卖点。压力和支撑位找得是否恰当、买卖点找得是否准确，关键是看切线画得是否精确，所以精确地画出切线是所有技术分析工作的前提。

不管哪种技术分析门派，投资者首先要把握股价运行的大趋势，这样才能做到顺势操作。

要做到准确把握趋势，了解趋势发展的方向，认识目前市场是上升趋势还是下降趋势，是暂时上涨不久就会下跌，还是趋势已经发生了转变，即将迎来一波中级行情，在实战中是有难度的。但从道氏理论的三重运动出发，画出三个运动级别的支撑和压力线来，就可以轻松地辨认出来。趋势的发展不是简单地上涨和下跌，由于三重运动的原因，趋势的发展过程是曲折的。也就是说，上涨趋势中会有下跌，下跌趋势中会有上涨。

投资者可以运用切线理论，画出切线，从大趋势着手，准确把握个股的买卖点。

一、上升趋势线

上升趋势线又称支撑线，不仅能指示股价运行的趋势，而且对股价的上涨具有支撑作用。股价每次回探到上升趋势线不跌破，都是很好的买点。根据几何学画线原理，两点确定一条直线，所选的两点之间的时间越长，上升趋势线的支撑作用越牢固；股价回探上升趋势线的次数越多，也就是说，上升趋势线上的回探点越多，趋势线的支撑作用越牢固。

如图 1-1 所示，在 K 线走势图中找到 2017 年 1 月 16 日的股价低点，接着在 2017 年 5 月 5 日找到一个次低点，两点连接成一条直线，就是上升趋势线。2017 年 9 月 12 日至 2018 年 4 月 25 之间，股价回探了这条趋势线并得到支撑。2017 年 9 月 22 日和 2017 年 12 月 28 日，股价又两次回探趋势线，均得到支撑，说明这条趋势线的支撑力度较强。

二、下降趋势线

下降趋势线又称压力线，它不仅能指示股价运行的方向处于下降趋势，而且对股价具有压力作用，股价每次反弹到下降趋势线附近都会再次下跌，所以每当股价反弹到下降趋势线附近，都是很好的卖点，这也是期货做空的最佳点位。

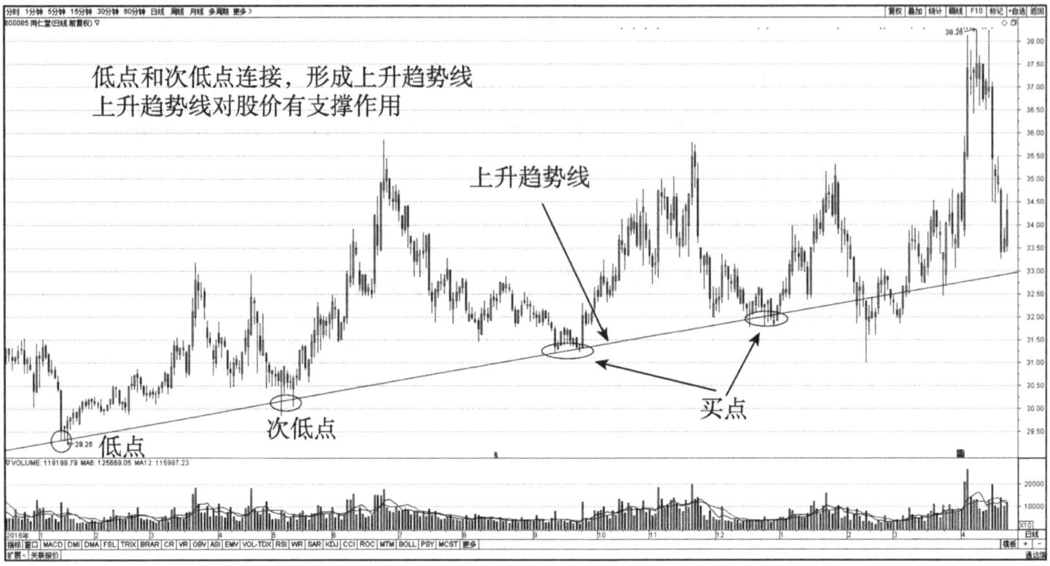

图 1–1　同仁堂（600085）上升趋势线

与上升趋势线的画法道理相同，画下降趋势线时，所选的两个转折点时间间隔越长，下降趋势线的压力越牢固；股价反弹回试下降趋势线的次数越多，它的压力作用越大。

如图 1–2 所示，上证指数（炒股软件不同，其代码不同，本书统一用代码 999999）在 2018 年 1 月 29 日和 2018 年 3 月 21 日出现了两个明显的转折点，以这两个明显的转折点为基点画出一条直线，这条直线就是下降趋势线。2018 年 4 月 11 日、12 日、13 日和 24 日，指数又分别回试了这条趋势线，在下降趋势线的压力作用下，指数遇到压力结束反弹，随后又开始下跌。

三、水平线

水平线又称颈线。股价波动时，水平线具有非常重要的压力和支撑作用。在各种形态接近完成时，为了判断形态是否真实，判断的依据就是股价能否有效突破颈线，因此，画出标准的颈线具有至关重要的意义。

如图 1–3 所示，上证指数 2016 年 11 月 29 日至 2017 年 4 月 7 日走出两个阶段性顶部形态，连接两个阶段性顶部，画出一条水平线。2017 年 8 月 2 日，指数欲突破此水平线，受阻回落。2017 年 8 月 25 日，指数一举突破此水平颈线，加速上涨，水平线也从此由压力转化为支撑。指数于 2017 年 12 月回探该水平线，得到支撑后反转上涨。

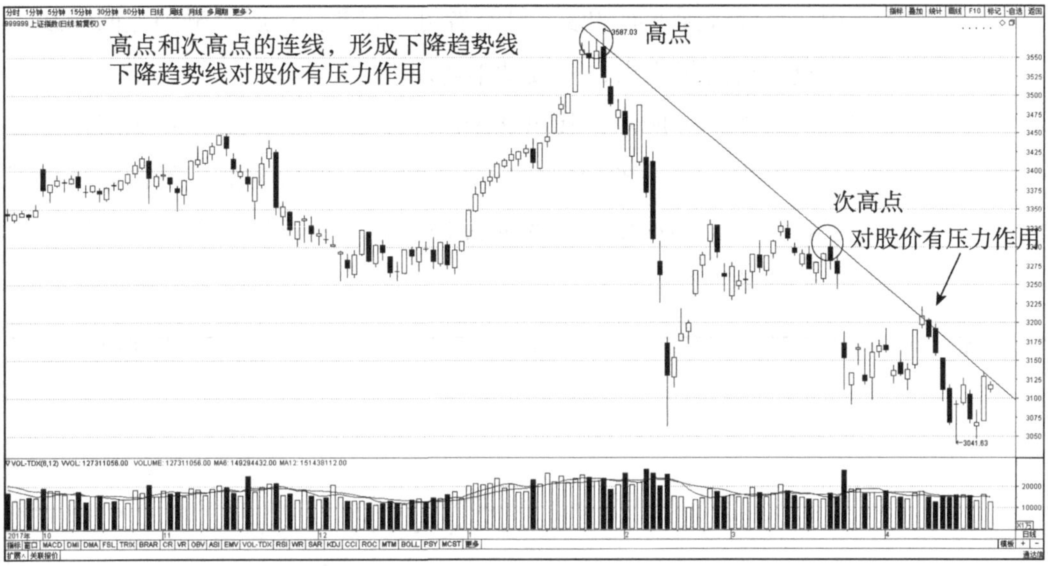

图 1-2 上证指数（999999）下降趋势线

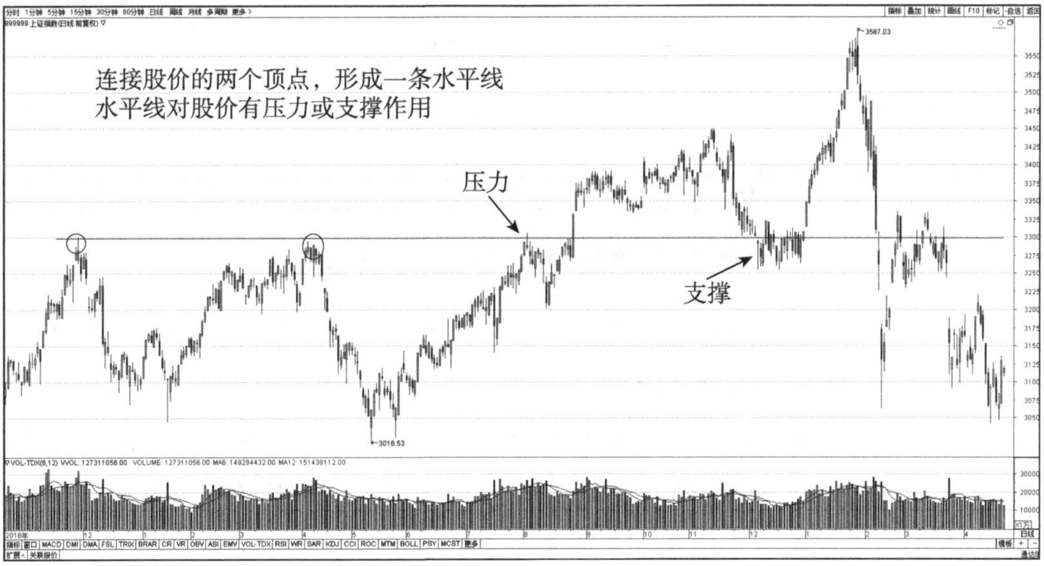

图 1-3 上证指数（999999）水平线

四、平行线

平行线又称轨道线，股价一般在两条平行线内运动。两条平行线中，上面的那条线具有压力作用，下面的那条线具有支撑作用。股价碰到下面的线，投资者可适量买入；股价碰到上面的线，投资者可适量卖出，从波动中赚取差价。

如图 1–4 所示，找出 2016 年 11 月 4 日和 2017 年 10 月 12 日两个高点，画一条倾斜的下降趋势线，然后再把这条趋势线向下平移，平移的这条平行线通过价格波动的重要低点，这条线就是趋势线的平行线。

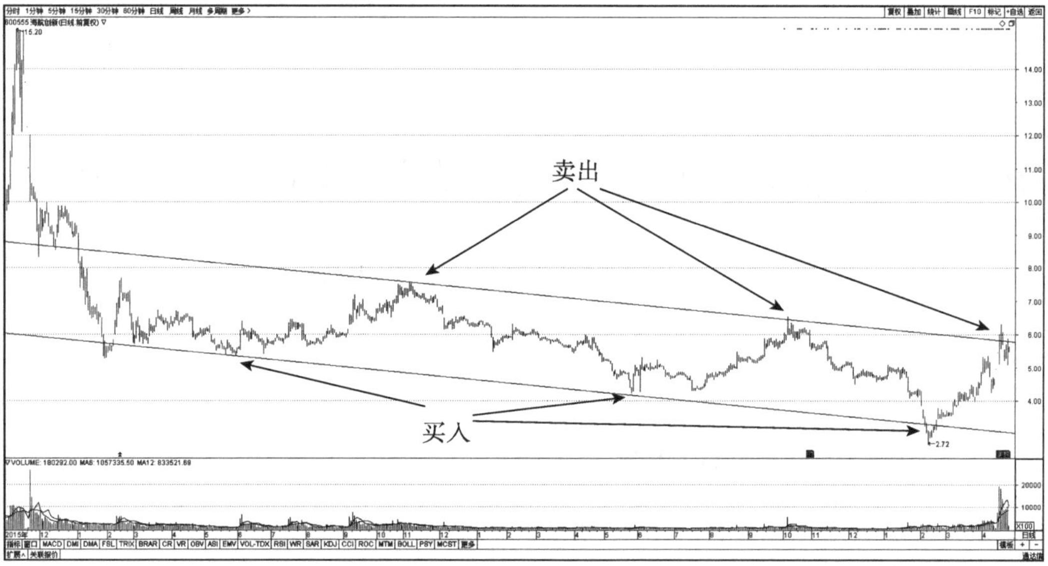

图 1–4　海航创新（600555）平行线

这两条平行线也叫上升通道线。股价在 2017 年 5 月 24 日、2018 年 2 月 14 日运行到通道线的下轨处，都得到了支撑，此时应该买进股票；股价在 2018 年 4 月 18 日、2018 年 4 月 25 日运行到通道线的上轨处，都受到了压制，此时应该卖出股票。

五、X 线（波峰与波谷连线）

X 线是根据物理学中的杠杆原理画出来的。波峰与波谷的连线，称为下降 X 线。下降 X 线对股价具有支撑作用，股价下跌到下降 X 线，一般会受到支撑转为上涨。波谷与波峰的连线，称为上升 X 线。上升 X 线对股价具有压力作用，股价上涨到上升 X 线，一般会受阻转为下跌。

图 1–5 所示为方大炭素下降 X 线。2017 年 10 月 31 日股价形成一个波峰，2018 年 2 月 6 日形成一个波谷。波峰连接波谷就形成一条下降 X 线，下降 X 线对股价有支撑作用。股价在 2018 年 3 月 26 日跌到下降 X 线时，受支撑止跌回升。

图 1–5　方大炭素（600516）股价下降 X 线

图 1–6 所示为鲁抗医药上升 X 线。2017 年 7 月 18 日形成一个波谷，2017 年 9 月 25 日形成一个波峰，连接波谷、波峰形成一条上升 X 线，上升 X 线对股价有压力作用。股价在 2018 年 2 月 26 日上涨到上升 X 线时，受到压力开始下跌。

六、速阻线

速阻线又称速度阻挡线，是根据斐波那契数列画出来的，由一点发出的三条不同角度的射线组成。在上升趋势中，速阻线对股价具有支撑作用，当股价跌到速阻线时，下跌速度会减缓，当股价跌破速阻线时，应适量减仓或卖出股票。在下降趋势中，速阻线对股价具有压力作用，当股价反弹到速阻线时，会因反弹动力不足而减慢速度，此时投资者应卖出股票或做空期货。

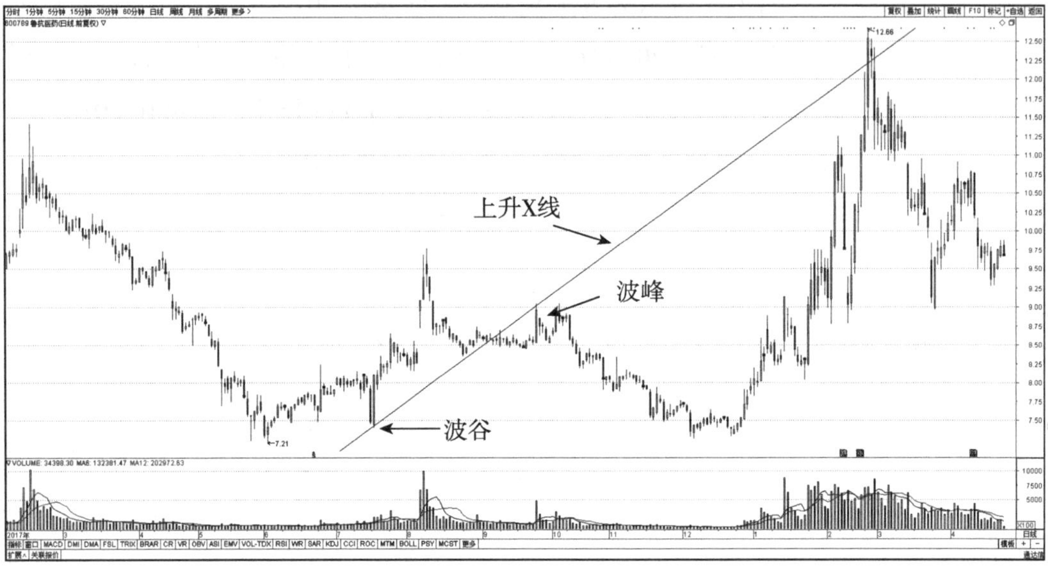

图 1-6　鲁抗医药（600789）股价上升 X 线

在上升速阻线中，最上面的是上轨线，是由起涨点和波段高点绘制的该波段趋势线，对未来行情具有阻力作用。上升速阻线的阻力大小取决于起涨点和波段高点之间的时间周期及斜率：时间周期越长，阻力作用越大，越不易突破；反之，阻力作用越小，越易被突破（斜率大小与阻力作用的关系也类似）。当上轨线被有效突破后，原速阻线所构成的上升趋势速阻空间就会失效，必须寻找新的控制点画出新的速阻空间。

在速阻线的三条线中，处于中间位置的线叫中线，将速阻线的扇形空间按百分比上下分割，上方为强势空间（强势区间），下方为弱势空间（弱势区间），是速阻线扇形空间相对强弱的分水岭。在上升趋势中，弱势空间一旦被有效突破，行情便进入强势空间，继而有冲击上轨线的可能；当行情由强势空间回调进入弱势空间时，可能会继续向下试探行情的起涨点。

速阻线的下轨线是行情的最后防线，一旦被有效跌破，意味着原上涨趋势发生改变，行情将转为下降趋势。

如果在上升趋势中调整，那么股价向下折返时，通常是在中线与上轨线之间完成。如果跌破了中线，那么价格还将跌到下轨线。如果下轨线也跌破了，那么价格就可能一路向下，直至原趋势起点的水平。在下降趋势中，中线如果被突破，那么价格很可能会上冲到上轨线处。要是继续突破，那就意味着价格将会涨到原趋势起点的水平。

如图 1–7 所示，在山鹰纸业这只股票中，2017 年 6 月 6 日形成一个低点，以此低点为基点，点击画线工具里的速阻线，再找到 2017 年 9 月 13 日的相对高点，画出速阻线，每条速阻线都对股价有支撑作用。

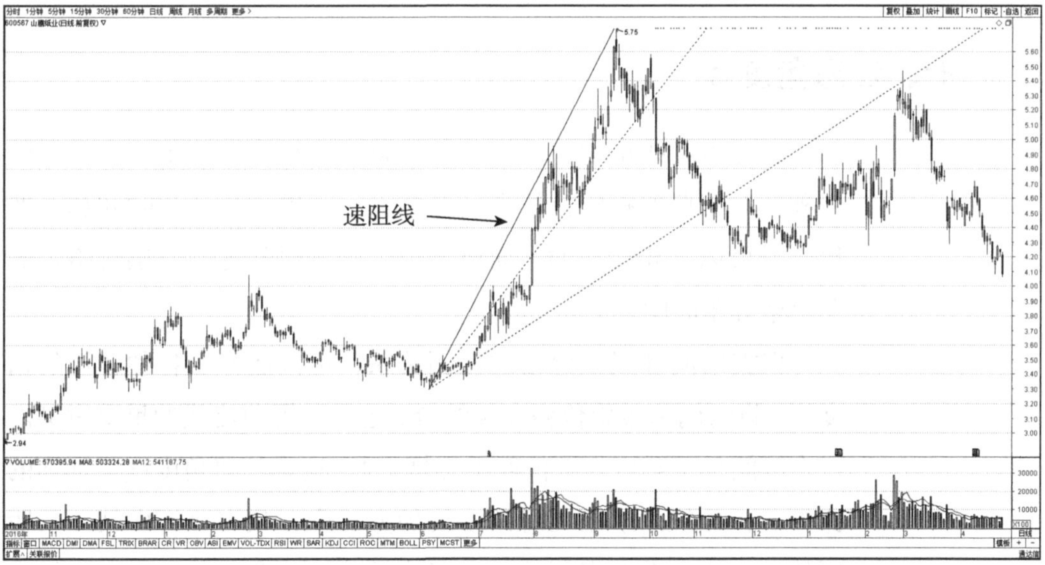

图 1–7　山鹰纸业（600567）上升趋势中的速阻线

如图 1–8 所示，在河北宣工这只股票中，找出 2017 年 4 月 12 日的高点，以此高点为基点，点击画线工具里的速阻线，再找到 2017 年 7 月 18 日的阶段性低点，画出下降趋势中的速阻线，每条速阻线都对股价有压力作用。

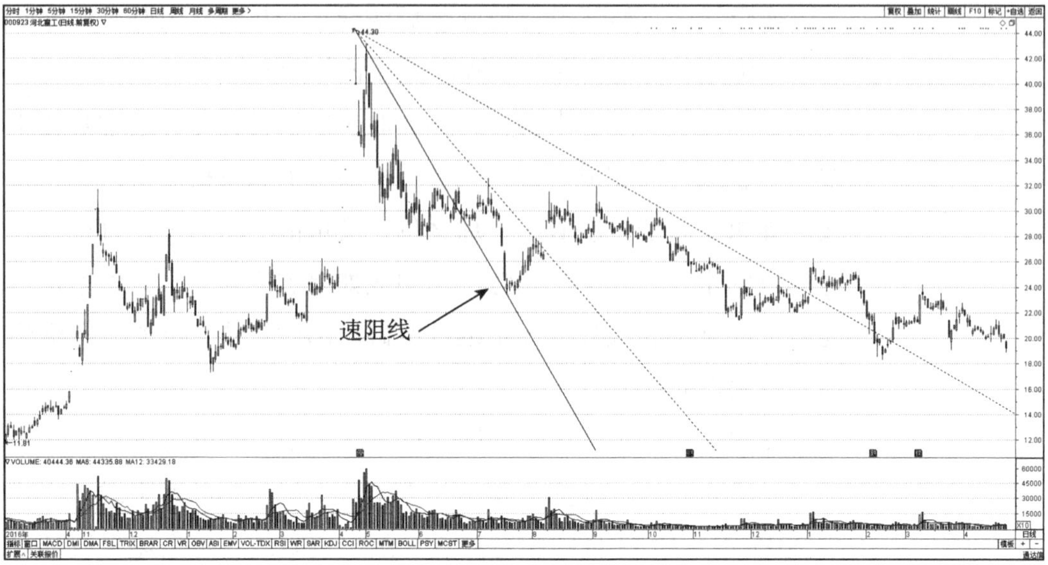

图 1-8　河北宣工（000923）下降趋势中的速阻线

七、江恩角度线

江恩角度线也称甘氏线，是江恩理论投资分析工具中常用的一种，对于股票投资分析帮助非常大。江恩理论认为时间和股票价格是可以互相转换的，简单来说，就是时间等于股票价格，股票价格等于时间。

根据时间和股票价格的比例关系，可以制作出各种各样的角度线。将时间和股票价格完美结合，也是江恩角度线的重要意义。一个时间单位对应一个价格单位是 1:1，这是江恩角度线最基本的比例。在传统的绘制江恩角度线的方法中，只有分析出某一只股票的波动率，并且根据波动率正确画出江恩角度线之后，才能准确判断市场的作用力。

江恩角度线对于股票价格的支撑和阻力作用，简单来说，就是股票价格由上向下跌破一条角度线的时候，股票价格将会继续下探，寻求下一条角度线的支撑；当股票价格由下向上突破一条角度线的时候，股票价格将会继续向上，上一条角度线会形成压力。

如图 1–9 所示，在信达地产这只股票中，找到 2016 年 10 月 25 日的最高点，再找到 2017 年 1 月 16 日的最低点，将顶和底连接，以最低点为基点画江恩角度线。中间这条 1:1 的角度线最重要，2:1、3:1、4:1、8:1 线都是重要的压力线或支撑线。

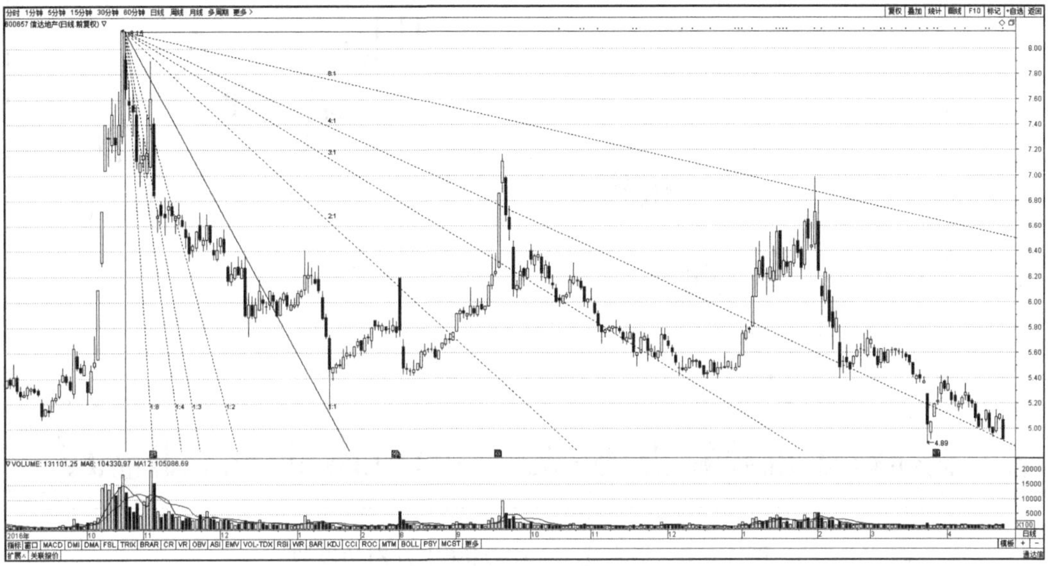

图 1–9　信达地产（600657）江恩角度线

如图 1–10 所示，在扬农化工这只股票中，找到 2017 年 9 月 21 日的阶段性最低点，再找到 2018 年 1 月 8 日的阶段性最高点，连接最高点和最低点，画出江恩角度线，2:1、3:1、4:1、8:1 线都是重要的压力线或支撑线。

八、黄金分割线

黄金分割线又称黄金比率，技术分析者将该定律应用于股票市场或期货市场，发现其准确性非常高，于是沿用至今。黄金分割线最基本的用法是将 1 分割成 0.618 与 0.382，然后再根据实际情况，转变为其他的计算公式。

如图 1–11 所示，股价出现见顶回落走势，这时找到中航飞机 2018 年 2 月 9 日的最低价，再找到这一波下跌的起点，即 2017

年 10 月 16 日的最高价，以此两点为基准画出两条线，然后画出黄金分割线。由图中可以看出，好多转折点都在黄金分割线上，说明黄金分割线对股价有支撑或压力作用。

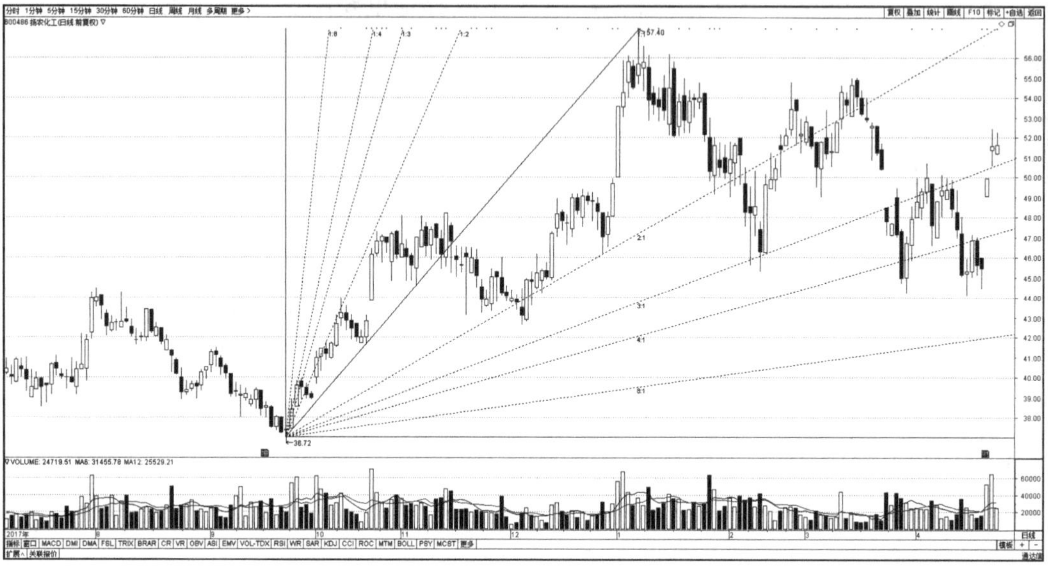

图 1-10　扬农化工（600486）江恩角度线

图 1-11　中航飞机（000768）黄金分割线

百分比线与黄金分割线、波浪理论结合很紧密，百分比线中有 33%、50% 和 67% 等线，33% 和 67% 这两个值正好是波浪理论中反弹或回探的最大数值。

如图 1–12 所示，找到深深宝 A 在 2016 年 11 月 11 日的最高价，再找出这一波上涨之前的最低价，即 2015 年 9 月 18 日的最低价，以此两点为基点画出百分比线。由图中可以看出，股价的转折点大部分在百分比线上，说明百分比线对股价有支撑或压力作用。

图 1–12 深深宝 A（000019）百分比线

第二节 切线的画法

在 K 线图或指标图上画线的方法来分析股价走势，是早期被投资者广泛使用的方法之一。大多数股民都会画简单的切线，如趋势线、压力线、支撑线等，除此之外，还有一些比较复杂的线，如黄金分割线、百分比线、周期线等。学会如何正确地画线，能让投资者的股价分析达到事半功倍的效果。

一般的分析软件都带有画线功能，通过工具栏找到画线工具，画线工具里包括光标、画线段、画射线、画直线、画平行线、画速阻线、画黄金分割线、画江恩角度线及删除画线等。

画线功能的选择均用鼠标来完成，如图 1–13 所示，单击画线工具栏中的“画线”按钮，打开“画线”面板，如图 1–14 所示，选择其中的一种画线工具，该画线工具会凹进去，然后移动鼠标到行情窗口，将小笔头放在要画线的位置，单击即可确定起点，按住鼠标左键不放进行拖动，直到选准终点再松开鼠标左键，这样就完成了画线操作。

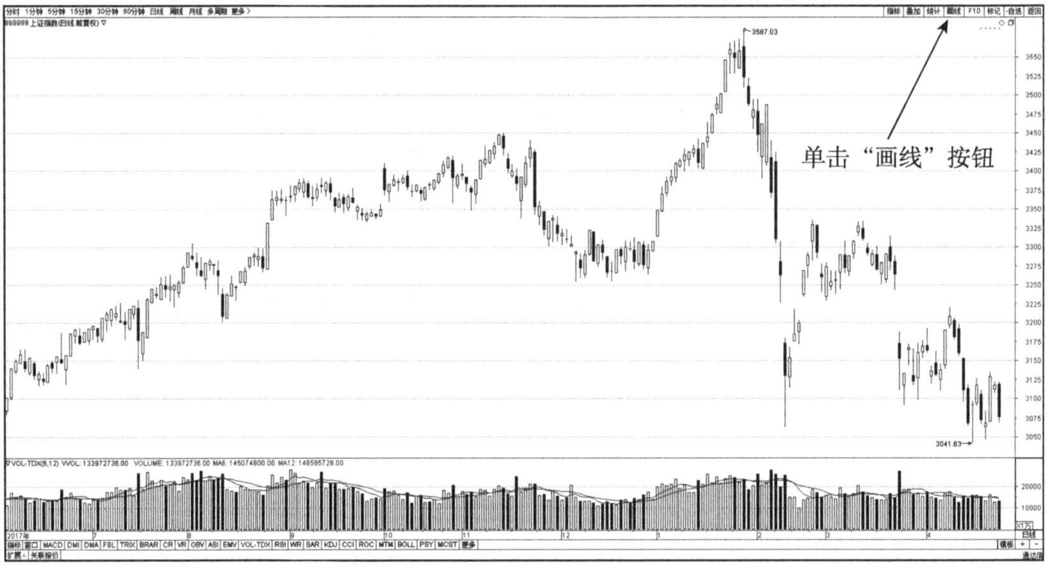

图 1–13　单击“画线”按钮

画好的线如果不太精确，需要修改，可以在该线上右击，选择“编辑”命令，对刚画好的线进行修改；如果想删除此线，在该线上右击鼠标，选择“删除”命令即可。画好的线如果不删除，关闭该股票的 K 线图后会自动保存下来，下次打开该股票的 K 线图时，之前画的线会显示在同样的位置。

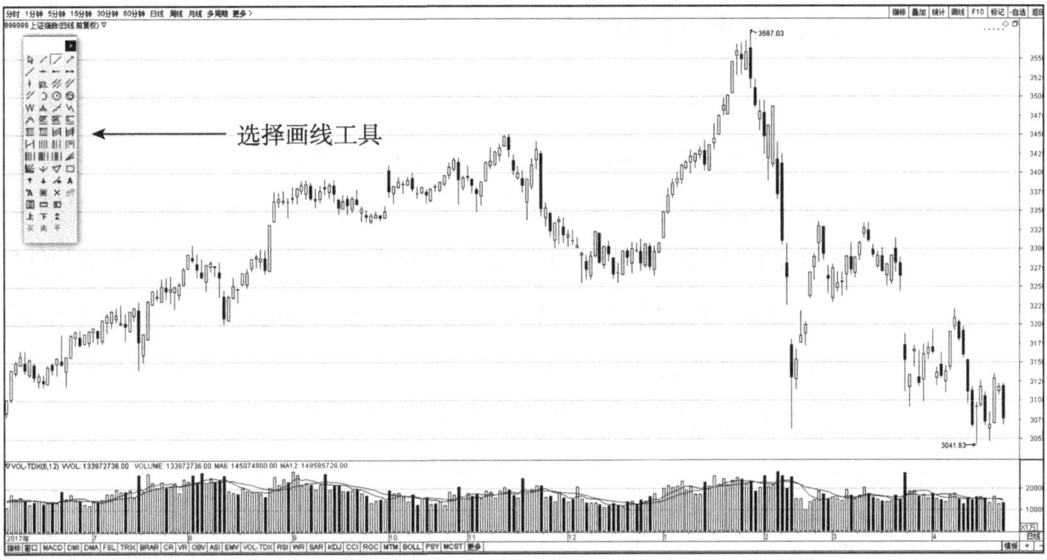

图 1-14　选择画线工具

随着电脑知识的普及，画线程序越来越简单，这里就不浪费时间给大家叙述了。其实，画线最重要的一点是寻找有意义的转折点，只有把转折点找好，才能画出较精确的切线来。

第三节　寻找有意义的转折点

股价总是在不停地波动，一般以 N 形的方式运动。一个 N 形中包含两个转折点。根据道氏理论三重运动原理，基本趋势、次级趋势与日常波动的转折点意义是不同的，在画线时，最好选择同一级别的转折点。当然，在后面的行情还没有完全走出来之前，确定转折点是哪个级别的确存在困难。在画线时，可以先确定一些关键的转折点，然后再根据行情走势不断进行修正。

一、大浪、中浪的转折点

仔细观察盘面，不管是月线图、周线图、日线图还是分时图，股价都是以 N 形曲折运动的。正如波浪理论所说，不管是上升趋势还是下降趋势，股价运动都有明显的推动浪和调整浪。在推动浪和调整浪转换过程中，必然会形成明显的转折点。这里所说的明显的转折点是指周期较长的、较明显的转折点，而不是小浪或微浪里的转折点，如图 1-15 至图 1-18 所示。（“昌九生化”现为“ST 昌九”，“江苏宏宝”现为“长城影视”）

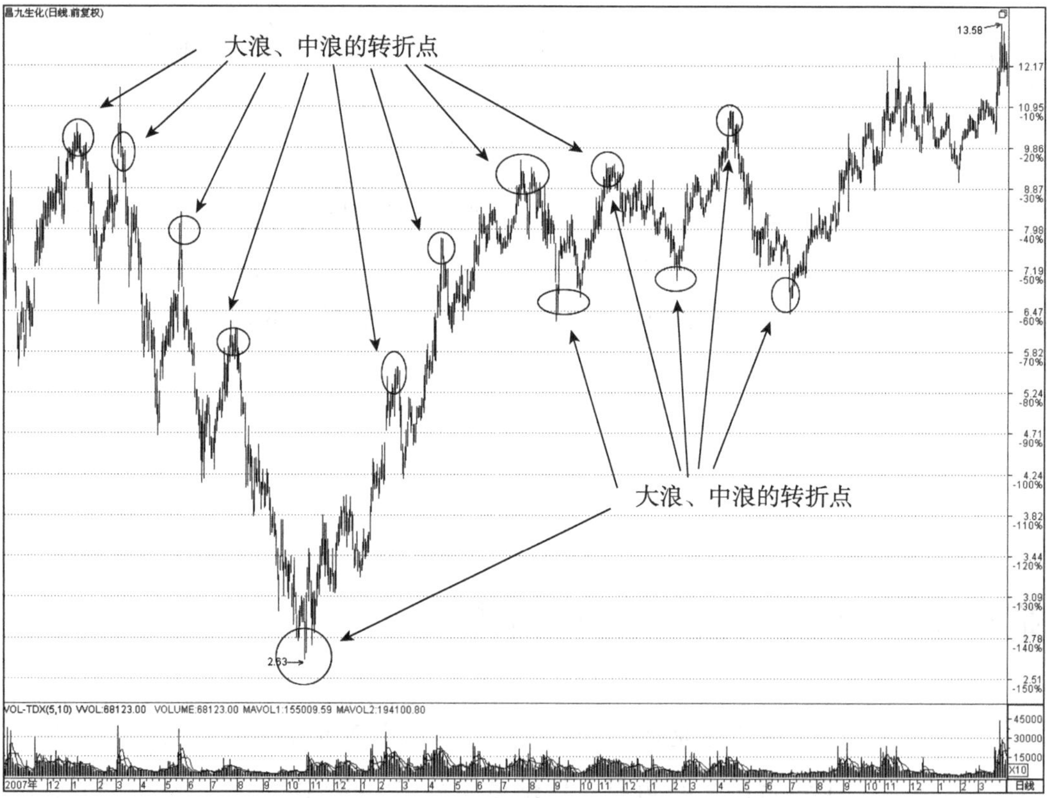

图 1-15　昌九生化（600228）日线图中的大浪、中浪转折点

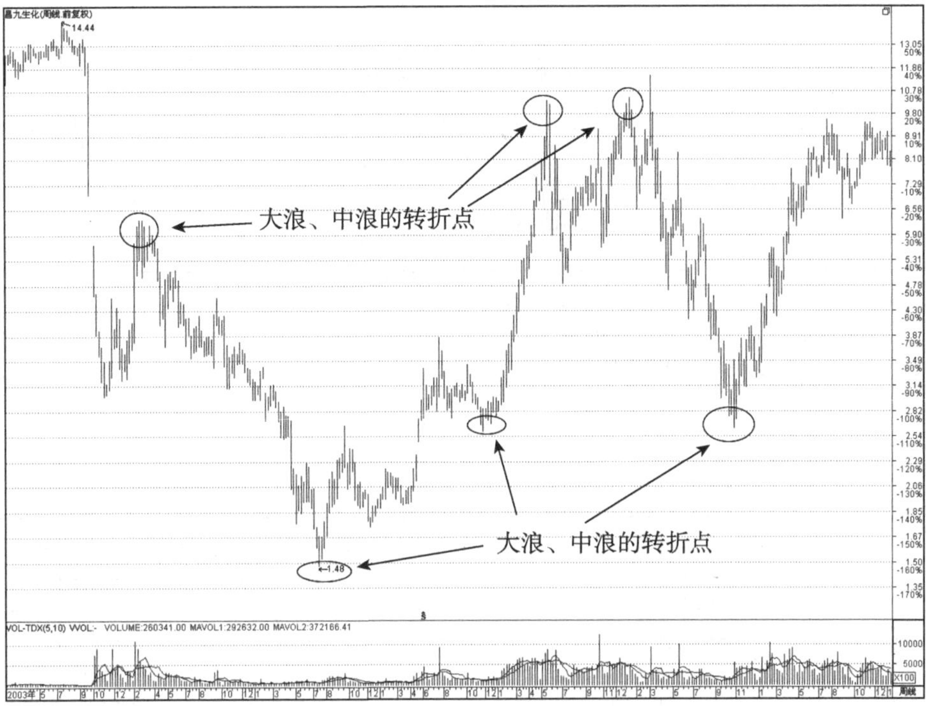

图 1–16　昌九生化（600228）周线图中的大浪、中浪转折点

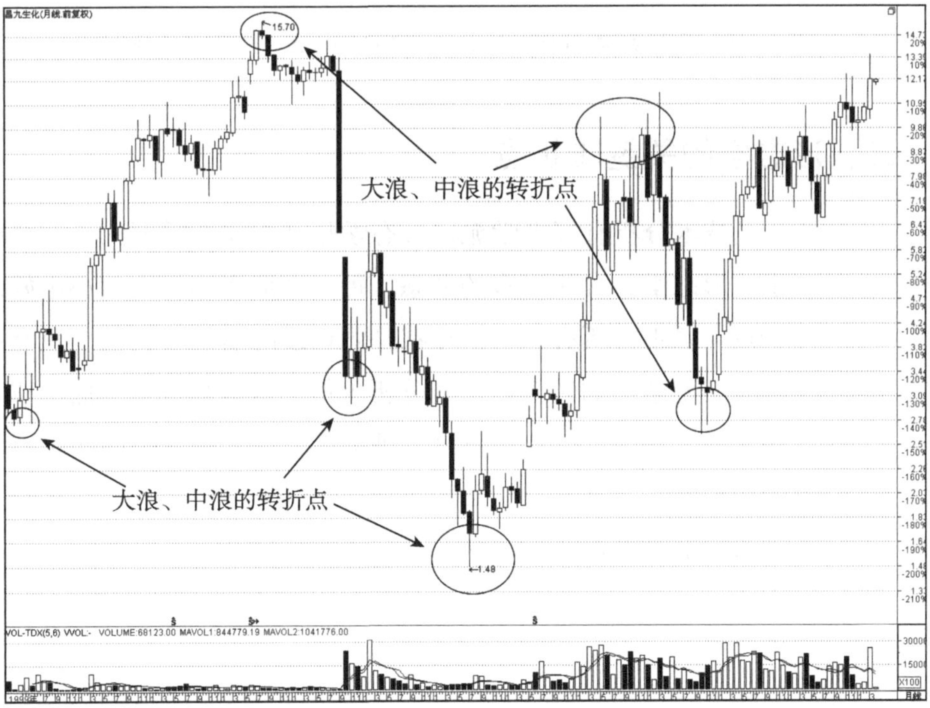

图 1–17　昌九生化（600228）月线图中的大浪、中浪转折点

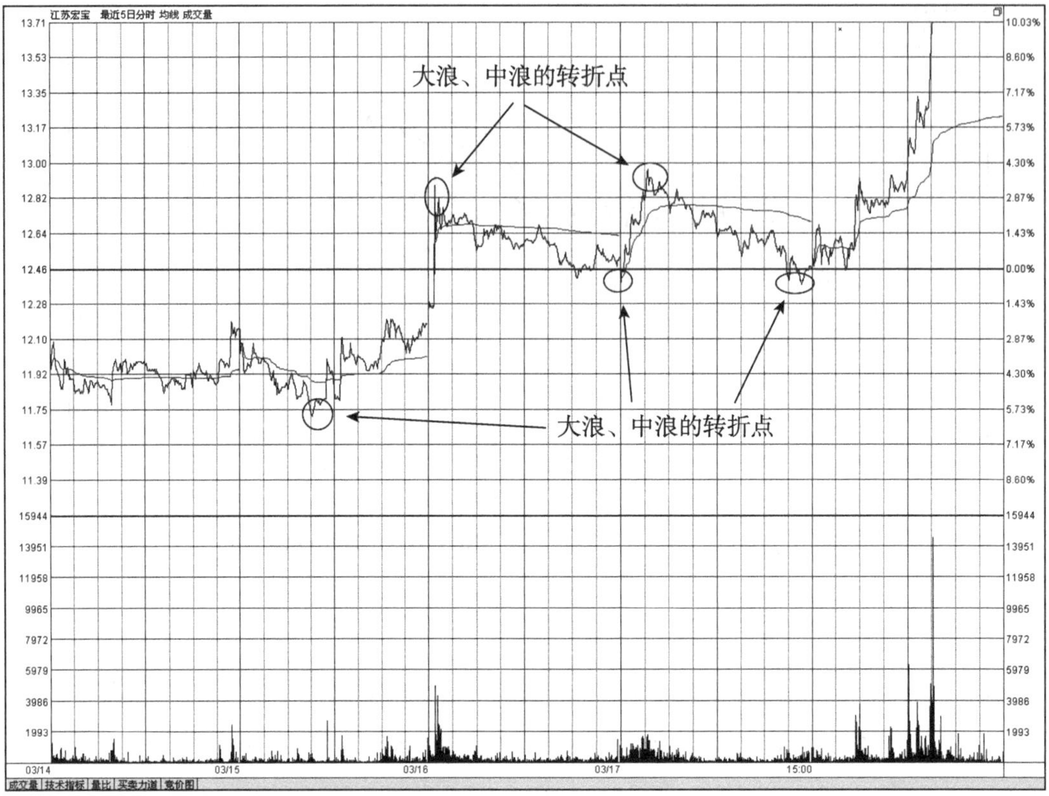

图 1-18 江苏宏宝（002071）分时图中的大浪、中浪转折点

二、形态学的关键转折点

技术分析有好多学派，形态学是其中非常重要的一个分析派别。形态学包含相当多的形态，每一种形态都有大大小小好多转折点。并不是所有的转折点都是画切线时需要寻找的，只有那些具有典型意义的转折点才有分析价值。这里只分析双底、双顶、头肩底、头肩顶、三角形这五种形态，这五种形态的转折点画出的切线具有重要意义，如图 1-19 至图 1-23 所示。（“科学城”现为“银泰资源”）

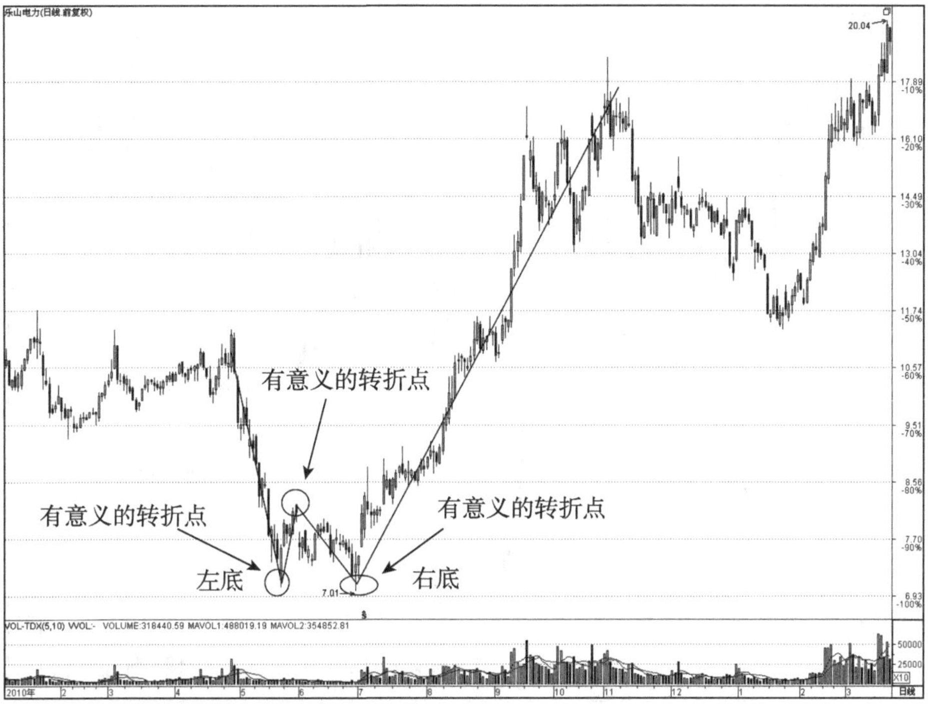

图 1-19　乐山电力（600644）双底形态中的转折点

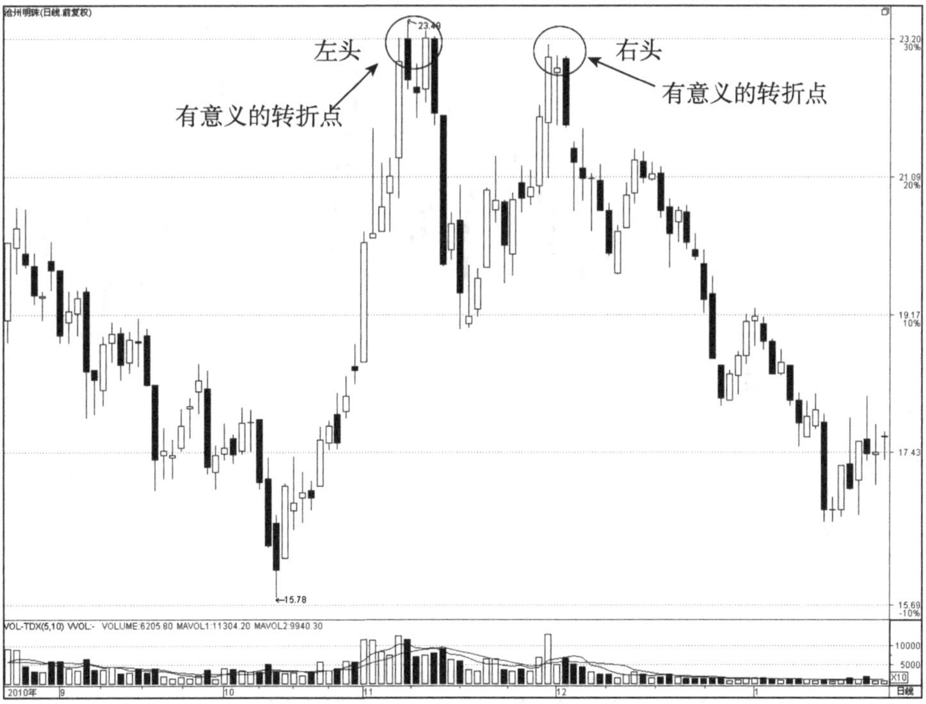

图 1-20　沧州明珠（002108）双顶形态中的转折点

图 1–21 山推股份（000680）头肩底形态中的转折点

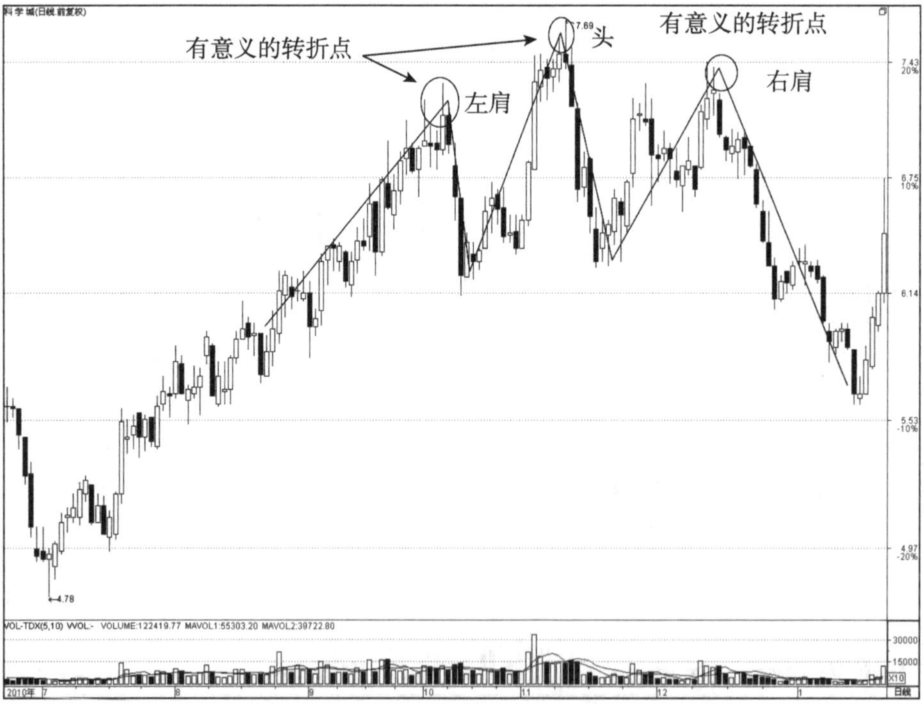

图 1–22 科学城（000975）头肩顶形态中的转折点

图 1-23　海通证券（600837）三角形形态中的转折点

三、幅度与量的转折点

如果初入股市，不熟悉波浪理论与形态学，那么，如何找出有意义的转折点呢？至少应该把握幅度和量这两个指标，这里所说的“幅度”指的是回探或反弹的幅度，“量”指的是成交量。回探或反弹的幅度与前一波拉升或下跌的幅度相比，应该在其 1/3 以上，这时出现的转折点才有分析意义。

股市是众人参与的一种集体活动，凡是成交量大的转折点，说明参与的人数多或资金量大，所以，有大成交量的转折点都是有意义的转折点，如图 1-24 和图 1-25 所示。

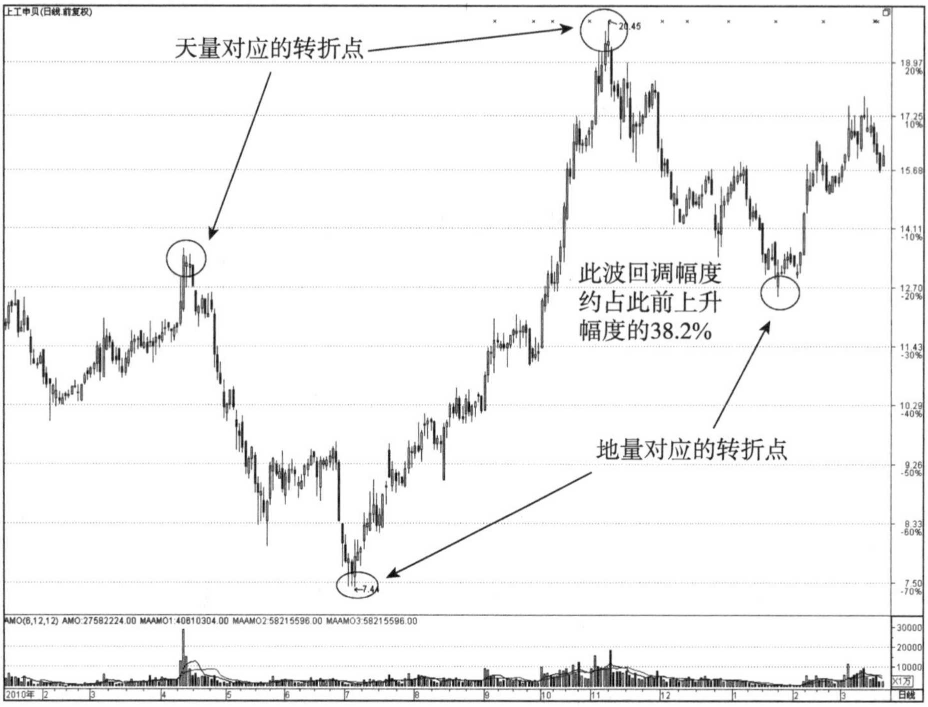

图 1-24 上工申贝（600843）幅度与量的转折点

图 1-25 外运发展（600270）高位天量与低位地量的转折点

第二章　趋势线的画法与操作技巧

华尔街有句名言：“只有趋势才是你真正的朋友。”为了更好地判断趋势，学习和掌握趋势线分析方法是非常必要的。其实很多高手在探讨如何做股票的时候都会谈到一个观点，那就是趋势。所谓“顺势者昌，逆势者亡”，学会使用趋势线，就是为了更好地确定趋势方向，做到“顺势而为”。

趋势分析在技术分析中占有非常重要的地位，是技术分析最基本的技巧，也是最简单、最实用、最有效的技术分析方法。上升趋势持股，下降趋势持币，这是股市中的制胜法宝。上升趋势和下降趋势都可以用趋势线来标示，因为趋势线能更方便地指出当前股价运行的趋势，还能指示支撑位与压力位。

第一节 趋势线的定义

技术分析其实就是对价、量、时、空的分析。在不同的时间段内，股票的市场价格会在图表上留下其运行轨迹，轨迹也会呈现出一定的方向性，投资者可以根据股价运行的方向做出买和卖的动作。简单地说，趋势就是股价波动的方向。

趋势方向只有三种：上升、水平、下降。如果确定了当前趋势的方向，在没有特殊情况下，股价的波动必然朝着这个方向运行。

在上升趋势中，虽然股价有时候也会出现短暂的调整，但不影响上升的大方向，股价会不断创出新高。下降趋势里的情况正好相反，股价会不断创出新低。

技术分析有三大假设条件，其中第二条认为价格的变化是有趋势的，若非特殊情况，价格将沿着这个趋势继续运动下去。这就说明了趋势这个概念在技术分析中的重要地位。

既然趋势这么重要，那么就要研究清楚趋势线的画法。大家都知道，上升趋势线起到支撑作用，如果股价回调到上升趋势线附近，就会受到强有力的支撑，如果股价跌破上升趋势线，则上升趋势线转而起到压制股价的作用，上升趋势可能出现反转。

在道氏理论中，上升趋势的定义是：在一系列的股价走势中，股价的高点和低点逐渐抬高。如图 2–1 所示，2017 年 5 月至 2017 年 11 月，上证指数每个相对明显的高点都高于前面的高点，每个相对明显的低点也都高于前面的低点。可以这么认为，只要最近的高点超越前面的高点，最近的低点没有跌破前面的低点，上升趋势就是完整的。如果股价不再创新高，或最近的低点比上次低点还低，说明上升趋势可能将要结束。需要特别强调的是，股价的高点和低点都是相对的，不是绝对的，最好以收盘价来判断。

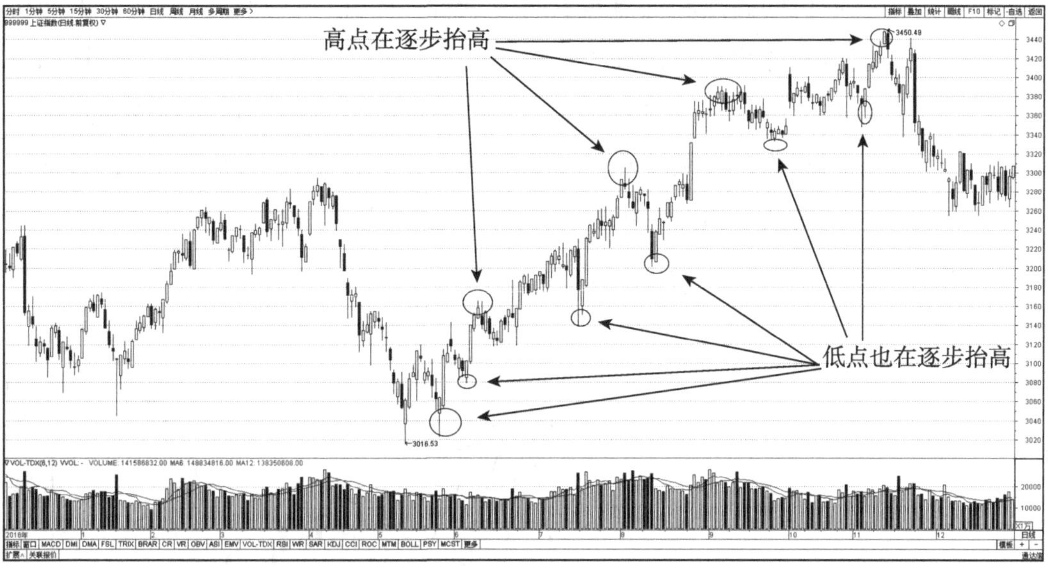

图 2-1 上证指数（999999）上升趋势中高点和低点都在抬高

下降趋势与上升趋势正好相反，下降趋势的定义是：在一系列的股价走势中，股价的高点和低点都在不断降低，如图 2-2 所示。只要保持股价高点和低点都在逐渐降低，整个下降趋势就是完整的。

图 2-2 深证成指（399001）下降趋势中高点和低点都在降低

根据道氏理论，价格波动分为三种运动：主要运动、次级运动和日常波动。这三种趋势的运动使股价波动具有复杂性，所有股价的高点和低点也具有复杂性。因此，在画趋势线时，不能机械地寻找相对的高点或低点，应该根据第一章的内容，连接同一趋势的拐点。也就是说，主要运动的低点和低点相连或高点和高点相连；次级运动的低点和低点相连或高点与高点相连；日常波动的低点和低点相连或高点与高点相连，如图 2–3 和图 2–4 所示。

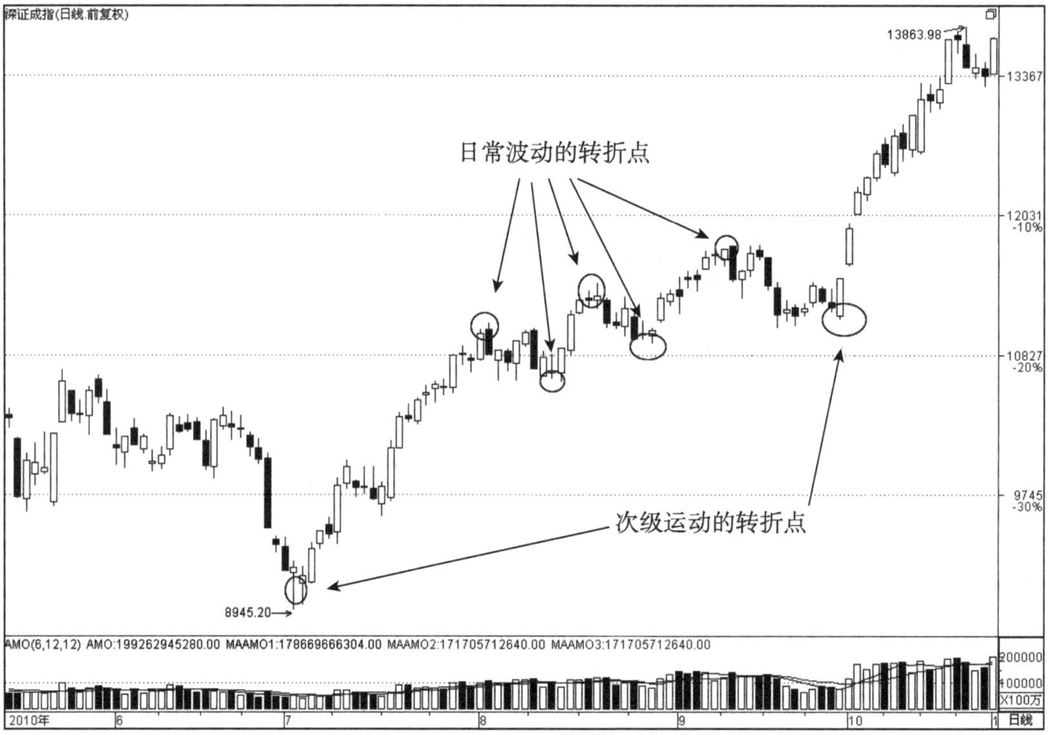

图 2–3　牛市中不同级别的高点和低点

尽管股价短期的涨跌是一种不规则的变化，但中长期走势是有趋势性的，是有规律可循的。也就是说，根据趋势的惯性原理，虽然看不出下一个时刻或明天股价的涨与跌，但对于未来的股价走势，可以根据股价运动的惯性，在盘面上画出一条趋势线。一旦趋势确立，股价走势具备了一定的坡度和速度，就会在趋势的惯性作用下，沿趋势线运动下去。

图 2-4　熊市中不同级别的高点和低点

解释完趋势和转折点，下面再解释趋势线。趋势线的定义：在对数坐标图中，连接股价的低点和次低点，形成上升趋势线；在对数坐标图中，连接股价的高点和次高点形成下降趋势线。

为什么使用对数坐标图而不使用普通坐标图呢？普通坐标刻度之间的间隔距离与价格成正比，即在普通坐标系中，所有当日涨跌数值相等的 K 线长度是一样的。比如所有自开盘至收盘上涨 1 元钱的 K 线具有同样的长度。但是在对数坐标系中，坐标刻度之间的间隔距离与价格的对数成正比，即当日涨跌幅（%）相等的 K 线才具有同样的长度。比如，所有自开盘至收盘上涨 10% 的 K 线，在对数坐标中长度是一样的。

对数坐标系与普通坐标系的区别是：假定股票连续上涨，从 5 元涨到 11 元，每天涨 1 元，在普通坐标系中画出的是 6 条一样长的阳线。在对数坐标系中，由于第一根阳线从 5 元到 6 元涨幅为 20%，最后一根阳线从 10 元到 11 元涨幅为 10%，所以其最后一根阳线的长度是第一根的一半。本书推荐使用对数坐标系，因为对数坐标系能够反映股票的实际盈亏。

如图 2–5 所示，在对数坐标图中，将明显的低点用切线连接起来，形成一条上升趋势线，上升趋势线能显示出价格上升过程中股价调整的支撑位。上升趋势线对股价有较强的支撑作用，一旦价格在波动过程中向下跌破上升趋势线，意味着上升趋势可能被打破，行情可能反转。

图 2–5　深证成指（399001）上升趋势线

如图 2–6 所示，在对数坐标图中，将明显的高点用切线相连，形成一条下降趋势线。下降趋势线不仅能指出股价是下降趋势，还能显示出价格在下跌过程中反弹的压力位。一旦价格反弹冲破下降趋势线，就意味着行情有可能反转，由跌转涨。

图 2-6 深证成指（399001）下降趋势线

由图 2–5 和图 2–6 可以看出，上升趋势线是从左下方向右上方倾斜的一条直线，对股价起支撑作用，是支撑线的一种；下降趋势线是从左上方向右下方倾斜的一条直线，对股价起压力作用，是压力线的一种。

在有些情况下，趋势线在股价走势过程中可以长时间起作用，有的甚至达十几年，特别是在历史性牛市或历史性熊市中。

还有一种趋势线基本呈水平状态，没有明显的上升或下降趋势，股价的高点和低点不是太明显。也就是说，股价不是单边上涨或单边下跌行情，而是盘整行情。在这种情况下画出来的趋势线，起支撑作用的就是支撑线，起压力作用的就是压力线，股价突破趋势线，支撑与压力作用互相转化，如图 2–7 和图 2–8 所示。

图 2-7　支撑与压力作用的转化（1）

图 2-8　支撑与压力作用的转化（2）

第二节　趋势线的画法

一、以收盘价作为画线的基点

因为趋势线能够明确指出股价波动的方向，所以投资者应该学会画趋势线。在K线图上画趋势线时，有的人喜欢用K线的最高价，有的人喜欢用K线的最低价，也有人喜欢用平均价。不管用哪种价格都能画出趋势线来，但笔者认为，选择收盘价比较合适，收盘价代表一天之中多空双方力量的对比结果，因此收盘价是最重要的。

二、选好两个精确的转折点

趋势线根据股价波动时间的长短分为长期趋势线、中期趋势线和短期趋势线。长期趋势线应当选择基本运行趋势波动点作为画线依据，中期趋势线连接次级运动波动点，短期趋势线则建议连接30分钟或60分钟K线图的波动点。

要想把趋势线画得准确、有效，必须选好两个精确的转折点。笔者根据多年的实践经验，认为从右向左画比较合适，因为右边是刚走出来的行情，距离现在越近，有效性越强。高点和低点要分清属于哪一个级别。在找转折点的时候，一定要有显而易见的趋势存在，趋势需要一定的时间和空间，如果两个转折点的距离过近，画出的趋势线的重要性就会降低。也就是说，在上升趋势中，必须找出明显的低点和次低点，连接两点才能形成上升趋势线；

在下降趋势中，必须找出明显的高点和次高点，连接两点的直线才能成为下降趋势线。

三、趋势线的斜率

趋势线的斜率就是趋势线的陡峭程度，趋势线斜率大小决定着趋势线的重要性。有的个股尽管短期内波动幅度非常大，但是从长期来看，总体走势还是比较规则的。为了避免陷入这种波动幅度非常大的行情中，一般情况下，要求所画的趋势线不要过于陡峭，否则很容易被横向整理突破，从而失去分析意义。

过于陡峭的趋势线虽然是强势股的特征，但行情不能持久，往往容易很快转变趋势。过于平缓的趋势线显示出股价走势的力度不够，是弱势股的表现特征，不容易马上产生大行情。

如图 2-9 所示，在所有的趋势线中，与水平线呈 45° 角的趋势线最有效、最持久（如趋势线 1）；如果趋势线过于陡峭（如趋势线 2），表明价格上涨太快，行情不会持续太长时间；如果趋势线过于平缓（如趋势线 3），则表明上升趋势太弱，可靠性不大，过于平缓的趋势线被跌破，不一定是趋势反转，可能意味着趋势重新调整，按接近 45° 角的趋势运行。

四、趋势线需要第三点的验证

两点确定一条直线，如果画出趋势线后，没有第三点的回试，这样的趋势线是没有意义的，当然也是无效的。一般来说，画出的趋势线被触及的次数越多，其作用越强，用它预测股价就越准确、越有效。除了触及的次数以外，趋势线延续的时间越长越有效、越可靠。

如图 2-10 所示，上升趋势线是沿着依次向上的反弹低点连接而成的一条直线，是由左下方向右上方倾斜的一条直线，位于价格图的下方。下降趋势线则是连接高点和次高点而成的一条直线，由左上方向右下方倾斜，位于价格图的上方，如图 2-11 所示。

图 2-9　粤传媒（002181）趋势线斜率大小对比

图 2-10　西安旅游（000610）上升趋势线

图 2-11 紫江企业（600210）下降趋势线

以上两图中，为了验证趋势线的有效性，必须有价格第三次触及该线，这样趋势线的有效性就得到了验证。

大家画趋势线时要注意两点：第一，必须有两个转折点才能画出趋势线；第二，必须有第三个点来验证其有效性，趋势线被触及的次数越多越有效。

其实，所谓第三点验证不仅是测试趋势线的有效性，更主要的是指导操作，它为操作提供了重要的依据。即使有第三点的验证，也只是确认了趋势线，后面还有趋势线的修改、趋势线的突破等很多注意事项。

五、画趋势线的前提条件

要画出趋势线，必须确定趋势存在。如果要画上升趋势线，必须找到最低点和次低点，次低点要高于最低点，两点决定一条直线，次低点对于上升趋势线的斜率有非常大的作用，图 2-12 中，AB 是上升趋势线。下降趋势线就是找出最高点和与它最近的次高点，次高点要低于最高点，然后画切线，次高点对于下降趋势线的斜率起非常大的作用，图 2-12 中，CD 是下降趋势线。（“滨州活塞”现为“渤海活塞”）

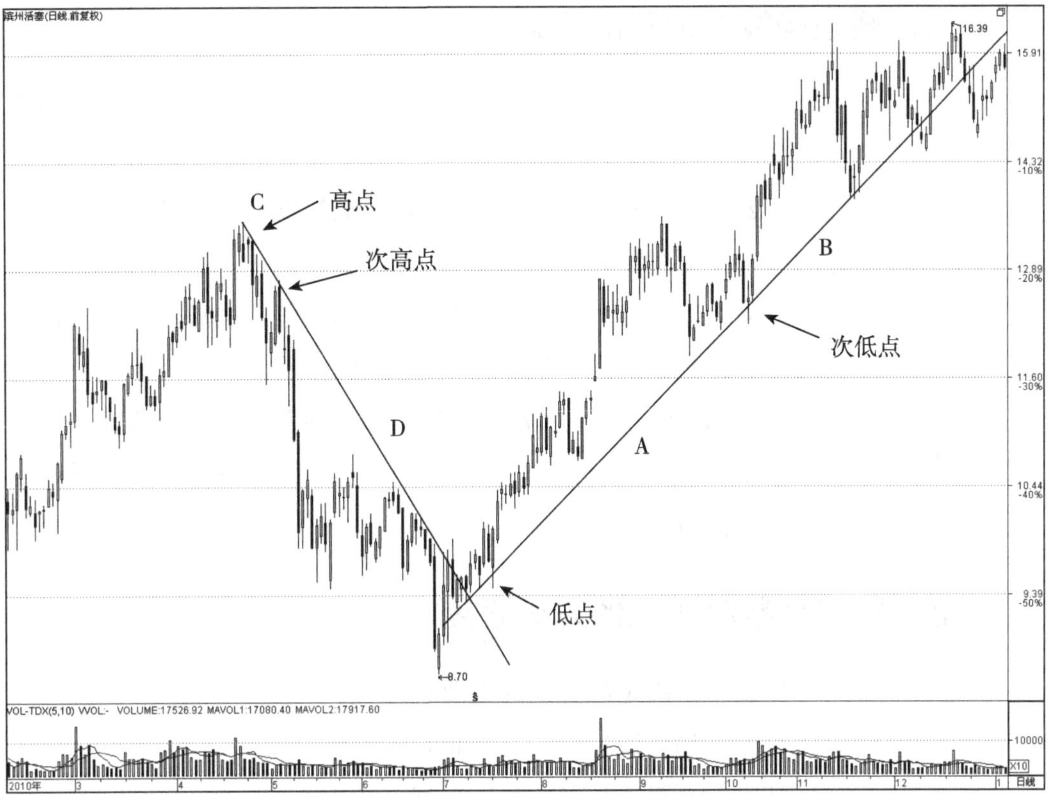

图 2-12　滨州活塞（600960）上升趋势线和下降趋势线

看起来在 K 线图上画趋势线是一件很容易的事情，但能画出来趋势线并不意味着掌握了趋势线。画出趋势线后，还有很多事情要做。比如，画出的这条趋势线是否有使用价值，趋势线是否能可靠地预测后市。画出趋势线后，一定要把这些问题解决，其实解决这些问题的过程也是挑选趋势线的过程。只有挑出了那条最可靠、最实用的趋势线，才算达到了目的。

刚开始，大家可以试着画出几条趋势线，待价格变动一段时间后，再看哪条趋势线更能反映趋势，更具有分析意义。要得到一条真正起作用的趋势线，需要经过很多验证，最后才能保留最有价值的那一条。

六、画趋势线需注意的问题

（1）一定要在对数坐标图中画趋势线，这是本书与其他图书主要的不同之处。

（2）画上升趋势线最主要的是找准最低点和次低点，画下降趋势线最主要的是找准最高点和次高点。

（3）起初可以多画几条趋势线，随着股价的波动不断修正，删掉不合适的趋势线，最后保留最可靠、最有效的一条。

（4）趋势线画好后需要不断调整。随着股价运动速度的快慢或动能的变化，趋势线也应该不断修正，重新找低点和次低点或高点与次高点。

七、如何判断趋势线的重要程度

什么因素决定趋势线的重要程度呢?

首先，趋势线持续的时间越长越重要。

其次，趋势线被触及的次数越多越重要。

最后，接近 45° 角的趋势线技术分析意义较大，太陡峭或太平缓的趋势线意义不大。

第三节　趋势线的调整

一、因股价运动的速度而调整趋势线

在实际操作过程中，趋势线并不是一成不变的，随着市场行情的变化以及股价运动的加速或减速，应该不断地调整趋势线，在陡峭的趋势线被突破后，应该画出较平缓的趋势线，如图 2-13 所示。

图 2-13　华新水泥（600801）陡峭趋势线及调整后的趋势线

市场中经常会遇到这种情况，当陡峭的趋势线被突破后，意味着市场将调整到一个较慢的、较持久的趋势线上。在股价运动减速的情况下，画趋势线的次低点要往后移。

如果原来的趋势线过于平缓，股价加速运动时，也应该画出更为陡峭的趋势线来。如果股价距离当前的趋势线过远，则这条趋势线对于追踪当前的行情走势意义不大，需要重新画一条趋势线。

如图 2-14 所示，原来的趋势线过于平缓，当股价加速时，必须用较为陡峭的趋势线来修正市场，以提升预测的可靠性。（“中弘地产”现为“中弘股份”）

图 2-14　中弘地产（000979）较平缓的趋势线及修正后的趋势线

当股价加速运动后，原来较平缓的上升趋势线分析意义不大了，应该再画出一条紧跟市场趋势的、较陡峭的趋势线。

如果仅仅是股价运动的速度改变了，只需要修改趋势线的角度，不需要改变原来的最高点或最低点。如果股价是从一个新的拐点改变速度，那么，需要重新选择高点及次高点或低点与次低点。

不论股价加速或减速运动，只需要按趋势线的斜率画出几条趋势线。其实在这种情况下，运用移动平均线较为简单、可靠。移动平均线是技术分析中一个不错的工具，有兴趣的朋友可以参照笔者出版的其他书籍，多掌握几种分析工具，应用时才能得心应手。

二、趋势线穿越后的调整

在实际操作过程中，经常遇到某一日股价可能一度穿越了趋势线，但收盘价仍然符合趋势。在这种情况下，有没有必要重新画一条趋势线呢？其实上面的内容已经明确了，应该以 K 线的收盘价为基点来画线。

根据笔者多年的操盘经验，如果突破原趋势线的时间不长，只是当天内发生，并且收盘价又回到了原趋势，没必要重新画趋势线。如果两三天甚至更长的时间内股价都击穿了趋势线，就有必要修正，如图 2-15 所示。

图 2-15　新疆众和（600888）趋势线的修正

三、跌破上升趋势线并非都是反转向下

趋势线往往能简单地看出当前的市场是牛市还是熊市。为了操作简单，上升趋势线被跌破后需要修正或重画，有时候需要连续画出多条趋势线，使得趋势线与行情相配合。

如图 2-16 所示，上升趋势线 AB 被跌破之后，重新画了一条上升趋势线 CD，趋势线 CD 被跌破之后又重新画了一条趋势线 EF。前面的内容已经提到过，趋势线被跌破，并不一定意味着行情反转，股价可能以另一种运动方式运行，此时需要修正趋势线。图 2-16 中的三条趋势线都被跌破过，但行情并没有反转。

图 2-16　丽江旅游（002033）跌破上升趋势线并不意味着行情反转

趋势线被跌破只是提供了市场有可能出现反转的信号，行情以后的走势还需要重新画趋势线，有时不得不重画好几次。

四、突破下降趋势线并非都是反转向上

与上升趋势线被跌破相同，下降趋势线被突破后需要重新画出新的下降趋势线，但并不意味着行情开始反转向上，有可能继续下跌，只是下跌的速度与以前不同而已，如图 2–17 所示。

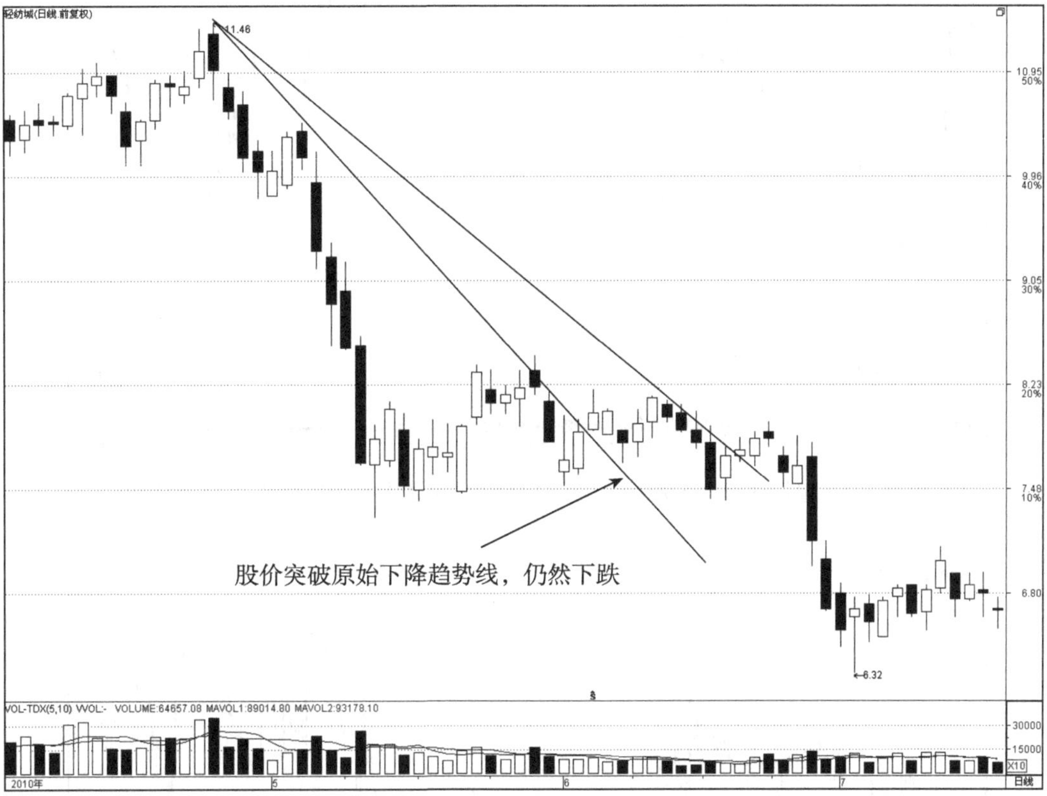

图 2–17　轻纺城（600790）突破下降趋势线并不一定意味着行情反转向上

五、趋势线突破后压力与支撑相互转化

上升趋势线主要起支撑作用，下降趋势线主要起压力作用。分析趋势线时不能机械地观察，应该辩证地运用。比如股价一旦跌破上升趋势线，上升趋势线原来所起的支撑作用就转化成了压力作用；股价一旦突破下降趋势线，下降趋势线原来的压力作用就转化成了支撑作用，趋势线的压力作用和支撑作用是相互转化的，如图 2–18 和图 2–19 所示。

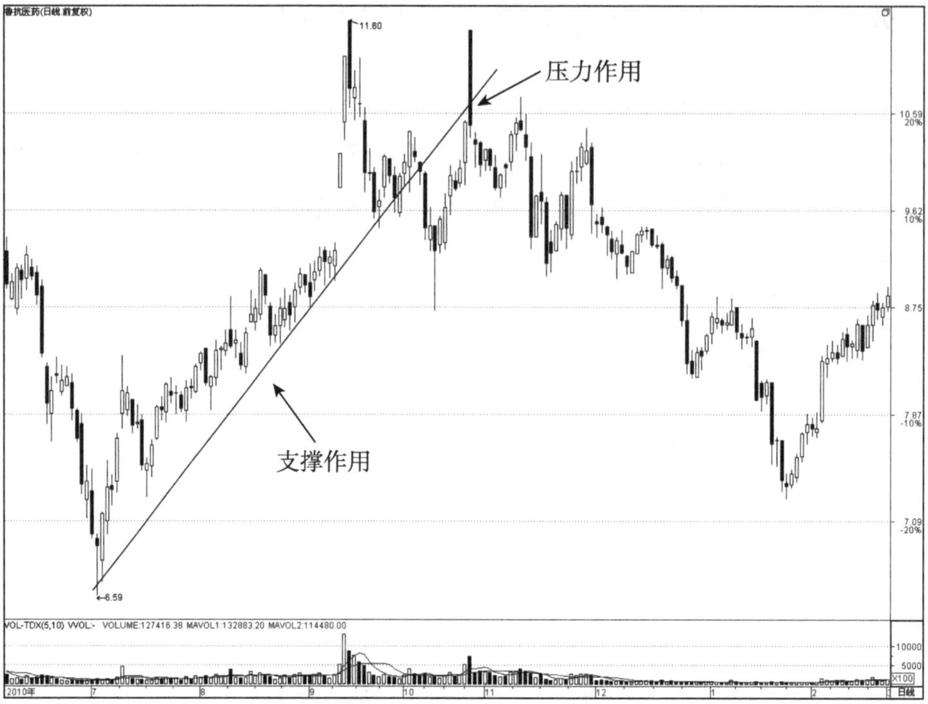

图 2-18 鲁抗医药（600789）上升趋势线支撑作用与压力作用相互转化

图 2-19 钱江生化（600796）下降趋势线压力作用与支撑作用相互转化

第四节 趋势线的真突破

一、趋势线真突破的标准

趋势的反转一定要突破趋势线，但突破趋势线并不意味着趋势一定反转，只是警示投资者要更加注意。也就是说，如果股价突破下降趋势线，行情就有可能反转向上；如果股价跌破上升趋势线，行情就有可能反转向下。那么，怎样才算是真突破呢？是不是应该定个标准呢？在实盘操作中，笔者常会遇到股价突破趋势线的现象，一般来说，收盘价突破趋势线比日内高点或低点突破趋势线更有分量；股价两天或三天突破趋势线比一天突破趋势线更可靠。

为了更好地判断趋势线的真突破，排除假突破的拉锯现象，可以在实战中设置一些标准，通过幅度、时间、成交量等过滤器，判断是否真突破。

1. 幅度 3% 的原则

股价向上突破趋势线或向下跌破趋势线预示着趋势反转，向上突破或向下跌破应该有一个标准。大部分投资者把股价突破或跌破 3% 作为一个衡量标准，即股价向上突破下降趋势线 3% 作为真突破，预示着股价将要上涨；股价向下跌破上升趋势线 3% 作为真跌破，预示着股价将要下跌。

许多投资者把收盘价超过趋势线 3% 作为真突破，其实 3% 只是一种过滤器，把一些假突破过滤掉。根据笔者多年的操盘经验，如果股价向上突破下降趋势线，最好有3%以上的幅度再买入，如果股价向下突破上升趋势线，最好破位就走，不要等待。其实在证券市场，不管做股票、期货还是外汇，“见势不好马上就跑”是一条铁律，不要机械地等破了趋势线3%再离场。

根据道氏理论的三种运动原理，低一个级别的最小波动幅度通常是本级别运动最大幅度的3%。意思是说，日常的最小波动幅度通常为次级运动最大波动幅度的3%；次级运动的最小波动幅度通常为基本运动最大幅度的3%。这里要提醒投资者的是：3%只是一个参考值，大家不要机械地运用，穿越趋势线时最好具体情况具体分析。

股市中有“头部一日，底部百日”的说法。从盘面数据来看，股价在顶部比在底部的波动幅度要大得多，投资者应注意股价顶部和底部波动幅度的变化，如图2-20所示。

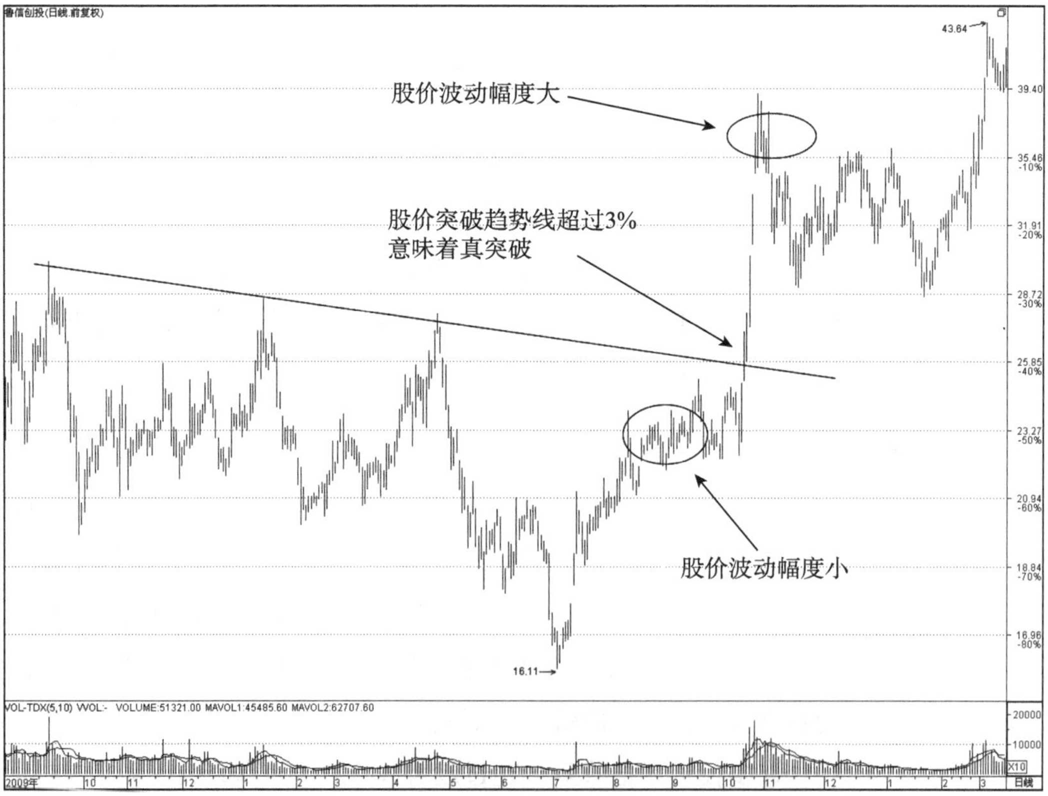

图2-20　鲁信创投（600783）股价突破趋势线的幅度超过3%

2. 三天原则

股价对趋势线的真突破除了3%的幅度这个标准以外，还有时间过滤器，其中最常用的是三天原则，意思是股价突破趋势线后能有效站稳三天就算是真突破了，这里所说的股价指的是收盘价。如果收盘价只在趋势线一方持续一天或两天的话，还不能算真突破。不过这个原则也不能机械地使用，如果当天是以中阳线或大阳线突破，真突破的可能性比较大，这时就不需要再等两三天了，三天原则主要是针对突破后的K线是小阴小阳线的情况，如图2–21所示。（“南风化工”现为“*ST南风”）

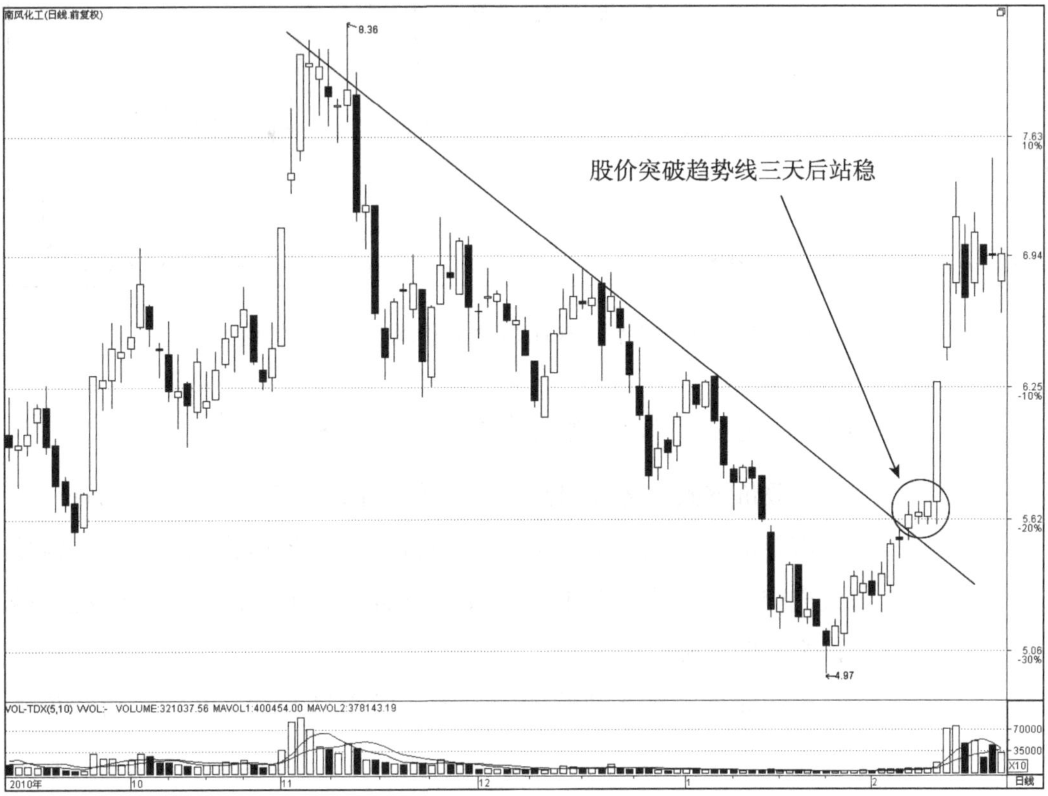

图2–21　南风化工（000737）股价突破趋势线三天后站稳

这里再强调一下，3%原则和三天原则不仅适合趋势线突破，也适合颈线或水平线突破。股价突破趋势线时，如果K线是以跳空缺口的形式突破的，说明突破非常强劲、有力，不需要再等待两三天的时间，如图2–22所示。

图 2-22　苏州高新（600736）股价跳空突破趋势线

3. 股价突破趋势线时需要成交量的配合

股价突破趋势线时除了需要有一定的幅度、有时间的验证外，还需要成交量的配合。特别是股价突破下降趋势线时，往往需要大成交量的配合。没有大成交量配合的向上突破，一般情况下被认为是假突破。

在股价突破趋势线的那一刻，成交量的意义非同小可。价涨量增、价跌量缩是价量循环的基本规律。股价上涨突破下降趋势线需要大成交量的支持，突破之后仍然需要大成交量。当股价向下调整时，缩量是关键。股价由上向下跌破上升趋势线时，成交量一般不会放大，在跌破后的几天内成交量才会迅速放大，如图 2-23 和图 2-24 所示。（“啤酒花”现为“同济堂”）

图 2-23　啤酒花（600090）股价突破下降趋势线与大成交量的配合

图 2-24　大冷股份（000530）股价跌破上升趋势线不需要大成交量的配合

4. 股价距离趋势线左右最小波动幅度相等原则

历史会重演。有经验的投资者都知道，股价运行有历史相似原则和对称原则。在标准市场中，任何一条趋势线左右两边的股价波动幅度应该是基本相等的。这个原则没有具体的数值，完全依靠经验和目测。

如图 2-25 所示，上升趋势线左侧最近的高点到趋势线的距离 H1，应该和上升趋势线右侧最近的低点到趋势线的距离 H2（波动幅度）几乎相等。（“大元股份”现为“商赢环球”）

图 2-25　大元股份（600146）上升趋势线左右两边的高点和低点到趋势线的距离几乎相等

二、真突破后支撑和压力相互转化

支撑线或压力线一旦被击破，其作用会相互转化，原来起支撑作用的，转化后起压力作用；原来起压力作用的，转化后起支撑作用。其实这个规律也适用于趋势线。换句话说，上升趋势线对股价起支撑作用，股价一旦向下跌破，趋势线就演化为压力线，如图 2–26 所示；下降趋势线对股价起压力作用，股价一旦向上突破，趋势线就演化为支撑线，如图 2–27 所示。正因为如此，趋势线要尽量画得长一些。

图 2–26　中色股份（000758）上升趋势线由支撑线转化为压力线

股价真突破趋势线只有事后走出来才能被证明，真突破之后也就验证了支撑作用与压力作用的转化，不过有的个股突破趋势线之后可能不再回踩。

图 2-27　中化国际（600500）下降趋势线由压力线转化为支撑线

三、趋势线突破与趋势的反转

一条趋势线被击穿并不意味着趋势一定反转，一般情况下需要修正，趋势线击穿只是为操作提供了建议，大家可以根据股价击穿趋势线的情况控制风险。在图 2-28 中，股价击穿了第一条趋势线，趋势并没有出现反转，此时再画出第二条趋势线。当股价第二次击穿趋势线时，趋势仍然没有反转，还应画出第三条趋势线。当股价第三次击穿趋势线时，股价趋势才开始反转。

四、趋势线真突破的意义

从上面的介绍中大家可以看出，趋势线真突破在大多数情况下是趋势的继续而不是趋势的反转。其实，趋势线很容易被突破，所以需要不断地修正，直至趋势开始反转。只有在不断修正的过程中，才能找到最后那一条起决定作用的趋势线，最后那条起决定作用的趋势线对操作有更大的帮助。

图 2–28 百利电气（600468）股价突破下降趋势线并不一定意味着趋势反转

画趋势线的目的是为了交易，为了找准买卖点。决定趋势反转的那条趋势线为大家提供了真正的交易信号，此前画出的趋势线只是提供警示信号，为控制风险发挥一定的作用。

在上升趋势中，股价向下跌破趋势线，并且连续两次都是一顶比一顶低，这为我们提供了卖出信号；在下降趋势中，股价向上突破趋势线，并且出现了次低点，这为我们提供了买进信号。

在画趋势线的时候，用小的转折点做基点画出的趋势线只是日常波动的趋势线，日常趋势线被击穿是为了寻找次级趋势线，次级趋势线被击穿意味着可能发生转势。通过这样的顺序可以画出各个级别的趋势线，为操作指明方向。

第五节 趋势线的假突破

一、什么是趋势线的假突破

假突破是指股价突破了最初画的趋势线，但突破的时间不长，市场也没有出现转势，之后股价又回到原有的趋势中，最初画的趋势线仍然有效，这条趋势线对后市仍然起到假突破前所起到的作用。

为什么提出趋势线的假突破呢？这是与趋势线的真突破相对的一个概念。有时候，特别是经过很长一段时间之后，会发现一条长期趋势线非常有效，可能持续好多年，但在趋势持续的期间，短期内会有突破趋势线的现象，只是突破的幅度不太大，很快原趋势线又开始发挥作用。为了保持原趋势线的完整性，往往忽略短期内暂时突破趋势线的情况。一般把趋势线中间的小幅度、短期内的突破称为假突破。由以上讲解可以看出，趋势线越长越容易出现假突破。

其实，提出“假突破”这个概念，主要是因为分析者主观上总是要求市场按照自己设想的趋势走，但是，市场实际走势总是会超出分析者的预料，有了“假突破”这个概念，方便投资者在进行技术分析时能够保持客观性，对实战操作能够发挥指导作用。

趋势线需要不断地调整，不断地重画，趋势线的假突破更说明了原趋势线的重要性和可依赖性。

如图 2-29 所示，下降趋势线被股价向上突破几日后，股价又急速下跌，并且跌破了下降趋势线，说明这次短暂的突破是一种假突破，这条趋势线对后市仍起到压力作用。（“石油济柴”现为“中油资本”）

图 2-29　石油济柴（000617）下降趋势线的假突破

真突破与假突破只是一种人为的规定，与画线的位置有很大的关系，具有很强的主观性。不管哪种突破，都是事后才显示出来的，实战中不要考虑突破的真假，即使是假突破，也要当真突破来操作，然后重画新的趋势线。笔者认为把“假突破”视为“突破失败”更贴切。

同理，在上升趋势中，如果股价向下跌破上升趋势线之后，短时间内股价又回到了趋势线之上，上升趋势线对股价仍然具有支撑作用，这种突破可以看作假突破。上升趋势线所跨的时间段越长，假突破越多，如图 2-30 所示。

图 2-30　华丽家族（600503）上升趋势线的假突破

二、假突破也要按指示操作

不论是真突破还是假突破，都是事后才能知道。当行情突破趋势线时，一定要按照趋势线的指示进行操作，一般来说，即使是假突破，调整的空间有时候也是非常大的。

在操作的时候，一定要依据趋势线进行买卖，当股价跌破上升趋势线时应及时卖出，如果股价短时间又回到趋势线以上可以再买回来。也就是说，用手续费买了份保险，防止了真突破带来的重大亏损；当股价突破下降趋势线时，应积极买进，防止踏空。

趋势线能以简单、实用、有效、客观的方式帮助投资者鉴别市场趋势，其实技术分析的过程就是鉴别趋势的过程。

特别要强调的是，假突破和真突破都是事后才被确认，如果不按趋势线的突破来操作，就会陷入主观臆想的操作思路上，是不可取的。

第六节　趋势线的作用

一、预测作用

无论是原始趋势线还是修正后的趋势线，对操作都有指导作用。最终确定趋势反转的趋势线，只有在行情走出来之后才能看出趋势的反转情况，因此对预测有用，但对具体操作意义不大。

画趋势线比较简单，两点确定一条直线，但是，趋势线需要第三点的确认。如果只是把高点和次高点或低点和次低点相连，画趋势线就很简单。但是，如果试图把三个或三个以上的点连接成趋势线的话，那么，除非这几个点之间存在线性关系，否则不可能画得太精确。在操作过程中，大多数情况下，画出的趋势线只能准确地通过一个或两个点，但会偏离其他的点。

技术分析本来是一门艺术，趋势分析是技术分析的一种，从本质上来看，趋势线属于示意图，并不会得出绝对的、唯一的分析结果。另外，由于股价有三重运动，所找的转折点的级别不同，画出的趋势线也就不同，而且差别很大。

趋势线除了能指示趋势并给出股价的压力位和支撑位，还有没有其他的意义？简单地说，趋势线还能测算价格目标位，一旦趋势线被击穿，那么价格就会远离趋势线，其目标距离通常与趋势反转前价格在趋势线另一侧曾经达到的最大距离相等。

如图 2–31 所示，在原来的下降趋势中，价格在下降趋势线的下方曾到达的位置距离趋势线为 H1，那么在该趋势线被突破之后，可以预测价格将要涨到距离趋势线 H2 的位置，H1=H2。（“深发展 A”现为“平安银行”）

图 2–31　深发展 A（000001）走势图

二、操作指导作用

1. 趋势线对突破趋势之前的约束作用

其实，上升趋势线对于其上方的股价都有支撑作用，下降趋势线对于其下方的股价都有压力作用。在上升趋势中，股价每次下落回探上升趋势线都是建仓的好时机；在下降趋势中，股价每次反弹到下降趋势线都是卖出的好时机。

在具体的操作过程中，投资者要完全按照趋势线给出的信号进行操作。在上升趋势中，股价的回调是不可避免的，投资者要紧盯股价回探趋势线的机会趁低买入，因为上升趋势线对股价具有支撑作用；同样，在下降趋势中，股价每次反弹至趋势线附近，投资者要逢高卖出，因为下降趋势线对股价具有压力作用，如图 2–32 和图 2–33 所示。（“金山开发”现为“上海凤凰”）

图 2-32　奥特迅（002227）上升趋势走势图

图 2-33　金山开发（600679）下降趋势走势图

如上面两图所示，只要趋势线未被击穿，就可以用趋势线来确定买卖点。如果趋势线被击穿了，也就为操作者提供了警示信号。

2. 趋势线被击穿后的反作用

趋势线的有效性需要第三点来验证，如果被第三点验证后，股价仍按照原来的趋势运行，那么趋势线就会在好几个方面起作用，不仅可以指出趋势，而且有压力和支撑作用，还可以确定股价调整的极限位置。最重要的是，可以显示股价在什么情况下转势。

趋势线被股价击穿后，说明股价下一步的走势可能要反转。越是重要的趋势线被击穿，其趋势转变的信号就越可靠。上升趋势线被跌破后，应该卖出股票，原来的支撑作用将转化为压力作用；下降趋势线被突破后，应该买进股票，原来的压力作用将转化为支撑作用，如图 2–34 和图 2–35 所示。

图 2–34　珠江实业（600684）下降趋势线被突破

图 2-35　金龙汽车（600686）上升趋势线被跌破

3. 趋势线对交易的作用

技术分析不是万能的，但不懂技术分析是万万不能的。许多投资者对技术分析有误解，认为画出趋势线，股价就应该沿着趋势线的方向运行。其实技术分析没有这么神奇的预测作用，趋势线的基本作用是鉴别股价运动的方向，帮助投资者提高操作性，制订明确的操作计划。

不管原始趋势线还是修正后的趋势线，在实战中都必须作为操作的依据，不能按自己的主观臆断去买卖。画出的每一条趋势线被股价击穿后，不要一擦了之，而是要研究被击穿后的支撑或压力作用，这对于今后的交易仍然能起很大的作用。

趋势线的级别只有在后期才能看清楚，因此，画出的每一条趋势线都应该保留，它们都是制订交易计划和执行交易计划的依据。

4. 面对假突破的交易

画出的趋势线只要被股价突破，不管这种突破是真突破还是假突破，都应该严格执行原来的交易计划，然后画出修正后的趋势线，重新调整交易计划。即使是假突破，有时候调整的空间也是非常大的，最主要的是突破能引发心理恐慌。如果股价重新站上趋势线，可以再次买进，如图 2-36 至图 2-40 所示。（“沱牌曲酒”现为“舍得酒业”，“雄震矿业”现为“盛屯矿业”）

图 2-36 沱牌曲酒（600702）股价跌破趋势线先卖出，股价站上趋势线再买进

图 2–37　三安光电（600703）根据趋势线的支撑与压力进行操作

图 2–38　雄震矿业（600711）根据股价穿越趋势线的情况进行买卖

图 2-39　黄山旅游（600054）股价突破下降趋势线先卖出

图 2-40　五矿发展（600058）下降趋势线的压力作用非常明显

第三章　水平线的画法与操作技巧

虽然水平线的画法非常简单，但作用极其重要。大道至简，越是简单的技术分析越有效。阶段性顶部常常给投资者造成巨大的心理压力，阶段性底部又往往给投资者形成非常强的心理支撑。水平线能帮助投资者找出阶段性顶部和阶段性底部，同时突显其压力和支撑作用。

第一节　水平线的定义及作用

一、水平线的定义

水平线是一种简单、实用、有效的技术分析工具。按照一定的画线规则，在K线图中画出一些水平直线，这些水平直线有压力或支撑作用。投资者可以根据这些水平线来判断价格运动的趋势，从而给操作带来一定的指导。

可能很多投资者不屑于用这么简单的分析方法，他们主观地认为，如果炒股如此简单的话，好多人都应该挣钱了，心理上更倾向于追求复杂而难以被大众掌握的技术分析工具。这是人们普遍存在的一种心理，也可以说是对技术分析的误解。在技术分析中，可能越简单的越有效，越有价值。

炒股就是炒趋势，很多人都知道。市场上的很多图书都是讲解趋势操作技术的，上升持股，下跌持币，追随上升趋势，避免下跌趋势。可是绝大部分行情的运行趋势是不明显的，这种情况下，投资者就不知道该如何操作才能顺应趋势，他们所学的趋势操作技术也根本不起作用，操作结果可想而知。

趋势分析者设计的操作系统，在这种平衡市中是无法发挥作用的，此刻，如果能够运用水平线指导操作，也许会带来意想不到的效果。

大家都知道，股价走势图反映在盘面上就是K线图。根据笔者的操盘经验，在没有趋势的情况下，水平线对分析盘面、预测后市走势能起到很大的帮助作用。

二、水平线的来龙去脉

道氏是趋势投资的先驱，他在描述趋势的定义时说，当前价格如果高于前期高点就是上升趋势，就可以确定市场处于牛市；当前价格如果低于前期低点就是下降趋势，可以确定市场处于熊市。高点和低点的衡量标准就是利用水平线，可以说水平线为趋势的定义奠定了基础。

在道氏所处的那个年代，行情分析并不像今天这么简单，只要从网上下载行情分析软件，就能很容易地看到行情走势了。那时人们要利用铅笔和直尺手工绘图，需要在图表上画出水平线来确定市场的运行趋势，因为水平线可以很容易地确定股价或指数的相对位置。

凡是自己手工画过 K 线图的投资者，都会有一种特殊的感悟，这种感悟只可意会,不可言传,能让投资者对趋势的认识更加深刻。可能是今天的技术分析种类太多了，仅技术指标就有几百种，投资者都沉溺于现成的盘面分析或高深的理论研究，缺少了对图形原创性的感悟，使得画水平线这种分析方法反而不被重视和广泛使用，也缺少了对它的系统研究。如果对水平线进行细致的研究，画出精确的水平线，可以直接影响预测的结果，也会给操作带来很大的帮助。

需要说明的是，除权后的盘面对水平线来说意义不大，建议大家使用水平线时，在前复权图中进行。

三、投资者的心理与水平线的作用

水平线具有压力和支撑作用，这是由人的心理决定的。面对不断发展的行情，投资者心理上肯定有变化，技术分析就是对投资者的心理进行研究。为什么能从 K 线图上画出支撑和压力的水平线，为什么能够用它来预测市场运行的方向，从投资者的心理上都能找到依据。水平线有支撑或压力作用，很大程度上是由投资者心理方面的因素决定的，支撑与压力的相互转化也是由心理因素决定的。

市场的参与者可分为多头、空头与观望者三类。多头是看涨并且打算买进的投资者，空头是看跌并且打算卖出的投资者，观望者是看不清未来的行情，在买和卖之间犹豫，拿不定主意的投资者。

如果市场在某个区域震荡很久后开始上涨，多头希望回踩后再加仓买进；空头看到行情在上涨，意识到自己可能看错了行情，不打算卖出了；观望者看到行情开始上涨，后悔自己没买进，如果再跌到前一个震荡区域可能会买进。不管是多头、空头还是观望者，他们都意识到要在股价的下一次下跌中买进，这就使得股价还没有下降到前面的震荡区域，就把股价拉上去了，该区域就成了支撑区域。在该区域交易量越大，说明投资者越关心自己的利益，该区域切线的支撑作用就越强。因此，前一个震荡区域水平线对股价有强烈的支撑作用。

如果市场在某个区域震荡很久后开始下跌，多头意识到自己可能看错了方向，如果股价反弹，就会卖出手中的股票；空头看到行情在下跌，庆幸自己卖出了手中的股票；观察者看到行情在下跌，更不会买进了，所有的投资者看到价格反弹，就会卖出手中的股票，只要股价一反弹就会形成强烈的卖压。因此，反弹前的那个震荡区域就对股价形成了非常强的压力。原来水平支撑线下方占绝大多数的买进单，现在都转化成了卖出单，这样一来，支撑就转化成了压力。那个区域的交易量越大，距离现在的行情越近，压力就越大，如图 3-1 和图 3-2 所示。

2016 年 1 月，上证指数一路下跌到 2638 点，市场一片恐慌，成交量极度萎缩。2 月指数形态出现了双底走势，又促使人们在心理上产生希望。指数一路反弹到 3100 点左右，在该位置受到了压制，几次上攻未果。后期，指数必须突破这根水平压力线才能继续上涨。2016 年 8 月 12 日，一根跳空的大阳线终于突破了这条水平压力线，指数上涨有力，短时间内就涨到了 3300 点，前期的水平压力线也随之转化成了水平支撑线。

深证成指与此类似。

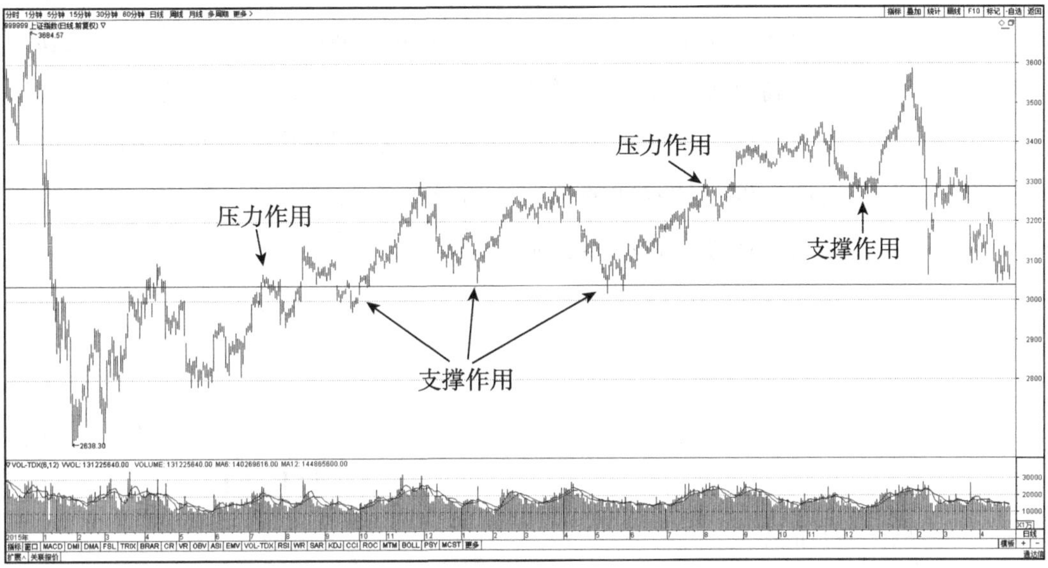

图 3-1　上证指数（999999）支撑线与压力线的相互转化

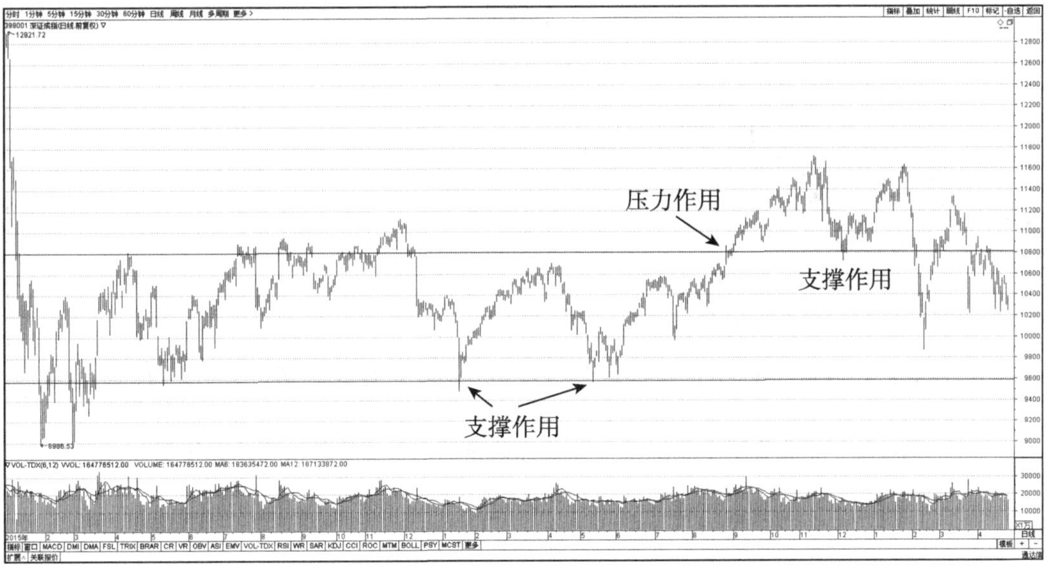

图 3-2　深证成指（399001）支撑线与压力线的相互转化

四、利用水平线鉴别股价运行的方向

趋势操作是投资者买卖股票胜算概率最高的操作方法，水平线分析方法是帮助投资者确定趋势的主要方法之一。水平线主要运用支撑和压力作用，以股价运动的关键点位判断趋势是否延续。只要高点逐步抬高就说明是上升趋势，由高点确定的水平线的位置也应该是不断抬高的；只要低点不断降低就说明是下降趋势，由低点确定的水线的位置也应该是不断降低的。所以，水平线能鉴别出趋势，如图 3-3 和图 3-4 所示。

图 3-3　中集集团（000039）由高点确定的水平线不断抬升，上升趋势

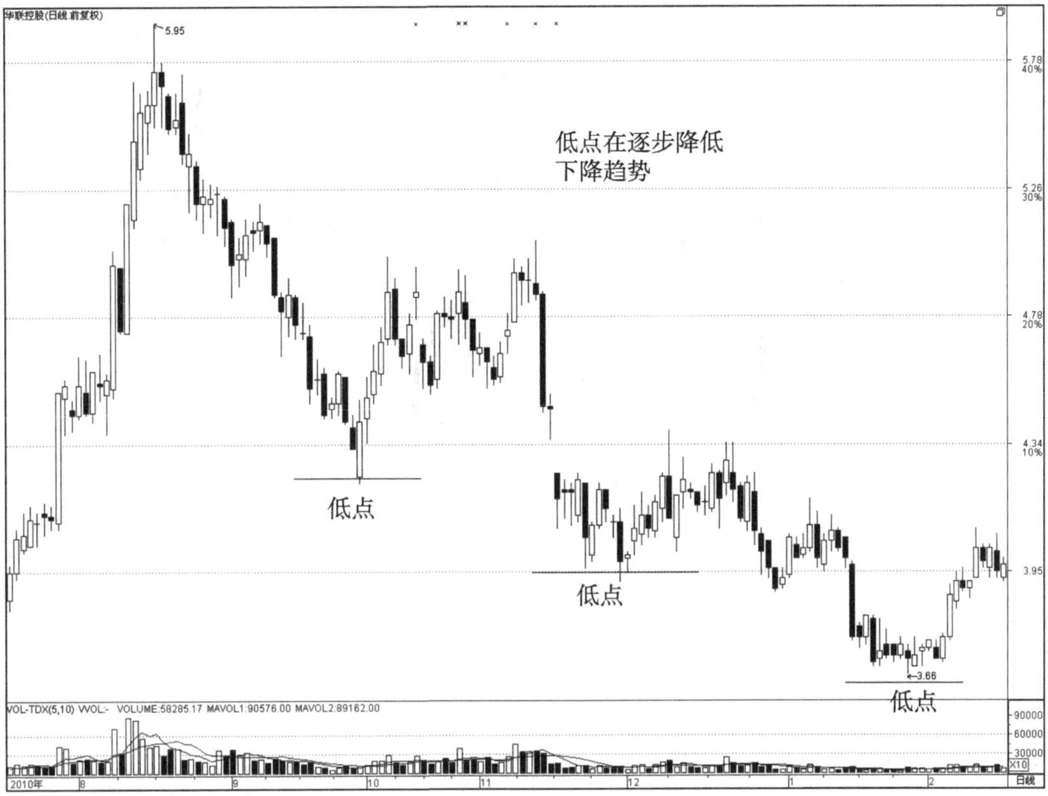

图 3-4 华联控股（000036）由低点确定的水平线不断降低，下降趋势

五、利用水平线找准买卖点

技术分析的重要作用不是预测市场，而是让交易更具有计划性，让交易风险更具有可控性。水平线分析并不具备神奇的预测功能，只是帮助投资者制订合适的交易计划，为买入或卖出提供依据，帮助找准买卖点，不至于仅凭直觉进行买卖。

如图 3-5 所示，股价跌到水平支撑线 A 时，如果成交量放大，可买进；股价跌破水平支撑线 B，应该卖出，向上穿越水平压力线 B 时再买进；股价达到水平压力线 C 时应卖出。

图 3-5　惠天热电（000692）股价穿越水平线时的买卖点

如图 3-6 所示，股价在水平压力线 A 下方向上突破时，应该买入股票。到达上方水平压力线 B 的位置时，应该寻找卖点。

股价由下向上冲击水平压力线 B，没能突破而掉头回落，则可能出现新一轮的调整行情，此时无论盈亏，都应及时卖出股票。

若股价冲击水平压力线 B，但成交量没有同步放大，应以观望为主。后期市场很可能上冲乏力，遇到卖压转而回落，形成假突破，此时投资者不能贸然买进。

股价由下向上突破水平压力线 C，如果成交量配合放大，则说明水平压力线 C 被有效突破，股价将由下降趋势转为上升趋势，投资者应积极买进。

当股价由下向上突破水平压力线 C，如果成交量不见明显放大，投资者可观望，静待其后市回落；如果股价回落，量能缩小，可考虑买进；如果股价不回落，只要能确认突破水平压力线 C 有效，再次做多仍能获利，这是因为水平压力线 C 被有效突破后，一般会有一段上升行情。

图 3–6　深赤湾 A（000022）水平压力线与支撑线

六、水平线与习惯价位

在指数或股价的关键位置，水平线通常能起到支撑或压力作用。因为每条水平线都是人为画出的，它们所起的支撑或压力作用也都是根据人的心理因素确定的。

无论在上升趋势还是下降趋势，人们习惯猜测股价的目标位，习惯把某些整数点位作为支撑点或压力点，比如，这只股票能涨到 25 元、30 元、40 元、50 元，或大盘指数能反弹到 3000 点、3500 点等。这些习惯数字常常成为投资者心理上的支撑位或压力位。根据投资者的这种心理，在画水平线时，可以在股价或指数接近某个重要的习惯数字时进行操作。

投资者的这种心理习惯暗示我们，不要把水平线正好画在某些习惯价位上。比如说，在牛市中，投资者想在股价下跌时买进，那么画水平线时应该把水平线画在前一个高点的某个习惯价位之上，因为好多人都盼着在习惯价位上买进，股价很可能跌不到那里就涨了起来；在熊市，投资者都想利用反弹的机会把手中的股票卖出，那么画水平线时就应该画在习惯价位下面一点，因为大家都想抢着在习惯价位卖出手中的股票，股价很可能反弹不到那个习惯价位。

一般情况下，应该避免把止损的水平线设在明显的习惯价位上。例如，止损位最好不要设在 10 元，而应该设在 9.80 元，以免假突破被震仓出局；反过来，买进时的点位应该设在 10.20 元，而不是 10 元，以防假突破过早入市。换句话说，止损位应该低于习惯数字，买进位应该高于习惯数字。投资者对这些习惯数字比较敏感，因此，技术分析者应该熟记这个常识，才不至于操作时乱了手脚。

第二节　利用水平线判断趋势

一、水平支撑线

1. 水平支撑线的定义

股价或指数运动形成好多波峰和波谷，根据波峰和波谷的位置能够判断市场的趋势。每个波峰和波谷都对价格或指数产生一定的压力和支撑，在波峰或波谷的位置画一条水平线，股价到达水平线时往往不再上涨或下跌，我们通常把这些水平线称为压力线或支撑线。这些水平线延伸位置对趋势的发展会起到一定的制约作用。

水平支撑线主要在上升趋势中运用，它的延伸位置对趋势的发展起到一定的支撑作用，如果股价下跌到水平支撑线附近，买盘力量增强，卖盘力量减弱，股价往往在这里止跌回升。

一般情况下，常把波谷位置称为支撑位，可以用水平线来表示。每个波谷都代表支撑，每个波峰都代表压力，如图 3–7 所示。（“精诚铜业”现为“楚江新材”）

图 3–7 精诚铜业（002171）水平支撑线与水平压力线

2. 水平支撑线的作用

水平支撑线对股价的下跌有阻止或暂时阻止的作用。当股价跌到水平支撑线附近时，可能停止下跌，甚至反弹回升。重要的支撑线可以阻止股价下跌，对股价有非常强的支撑作用，阻止股价继续下跌的区域就是支撑线所在的位置。

3. 水平支撑线的原理

K线图能反映股价的强弱及走势情况，如果最低价位在某个很小的区域多次出现，那么连接两个相同的最低价位就形成一条支撑线。这条支撑线形象地反映了股票在这个区域内的供求关系，只要股价一跌到这个区域就开始上涨，说明需求大于供给的不平衡关系。当股价再次跌到这个区间时，因为买盘大增，卖盘惜售，所以股价才会掉头回升。

另外，还有一个心理因素。每次股价下跌到这个位置都获得支撑，这个支撑位已经深深地印在了投资者的心里，股价再次跌到这里时，他们就会积极买入，因此，股价将会获得支撑或反弹。

再从量价关系上给大家分析一下。因为前一阶段反复转折的这个价位区域，积累了较大的成交量，投资者在此区域买卖盘较多。当股价由上而下向支撑线靠近时，空头卖盘已经非常小了，手中打压抛空的筹码几乎没有了；多头会持币吸纳，形成需求；观望者在趋势不明朗的情况下还是以观望为主。所以说在这个区域，供给小于需求，自然就形成了强力的支撑。

二、水平压力线

1. 水平压力线的定义

在股价每个波峰画一条水平线，都会对行情的发展形成压力。股价上升至某一高度时，由于出现大量的卖盘，会阻止股价继续上涨，于是价格就由升转跌。从供求关系来看，水平线的压力代表供给大于需求。

一般来说，在下降趋势中，股价每次反弹都不会超过前一高点，波峰是逐渐降低的。在反弹的过程中，一旦股价触及压力线，甚至还没有触及压力线的时候，就会掉头向下，这就是压力线所起的压力作用。

水平压力线通常以前一个波峰为标志。当股价反弹到前一个波峰附近时，就会停止反弹，开始回落。这个波峰所在的位置，就是水平压力线所在的位置，如图 3-8 所示。

图 3-8 金龙机电（300032）水平压力线

2. 水平压力线的作用

压力线的作用是阻止股价或暂时阻止股价继续上升。当股价上涨到某条水平压力线附近时会停止上涨，甚至可能会下跌。同时，重要的水平压力线有可能彻底阻止股价上涨，转势下跌。通常波峰所在的区域就是水平压力线所在的位置。

3. 水平压力线的原理

在股价走势图上，K 线在某个顶部区域以小阴小阳线的形态出现多次，连接两个相同最高价得到的这条直线就是水平压力线。这条水平压力线能反映出股票在这个区域属于供大于求的不平衡状态。当股价再次上升到这个区域时，因卖盘增多，买盘不愿意追高而减少，所以股价会遇阻回落。

从价量关系来看，因股价多次触及该区域，成交密集，积累的成交量较大，浮动盈利筹码较多，画出的水平压力线就在密集成交区。当股价再次上升到该区域时，看空的投资者会积极卖出，看多的投资者认为这个区域不是买点，观望的投资者继续观望。总体来说，这里存在供大于求的关系，所以股价会遇到压力而下跌。

再从投资者的角度来看。多头可以分为两类：一类是短线投资者，因为价格太高，他们会等待股价回调后再买；一类是中长线投资者，他们会逢低买进。前一类投资者看到股价下跌，有可能影响他们短线看好的信心，只要股价下跌，他们就有可能从多头转化为空头。后一类投资者虽然中长线看好，股价有可能会突破压力线，但在没有放量的情况下，他们势单力薄，股价只能是一种假突破，之后股价还会回到压力线之下。此时股票的需求量相对较小，行情在此区域延续的时间越长，水平压力线所起的作用就越大。

三、水平线的三个级别

1. 水平线可以划分为三个级别

根据道氏理论的三重运动原理，股价运动可以分为三个级别：基本运动、次级运动和日常波动。水平支撑线又可以分为基本运动级别的支撑线、次级运动级别的支撑线和日常波动级别的支撑线三种。水平压力线也可以分为基本运动级别的压力线、次级运动级别的压力线和日常波动级别的压力线三种。图 3-9 所示是不同级别的支撑线和压力线。

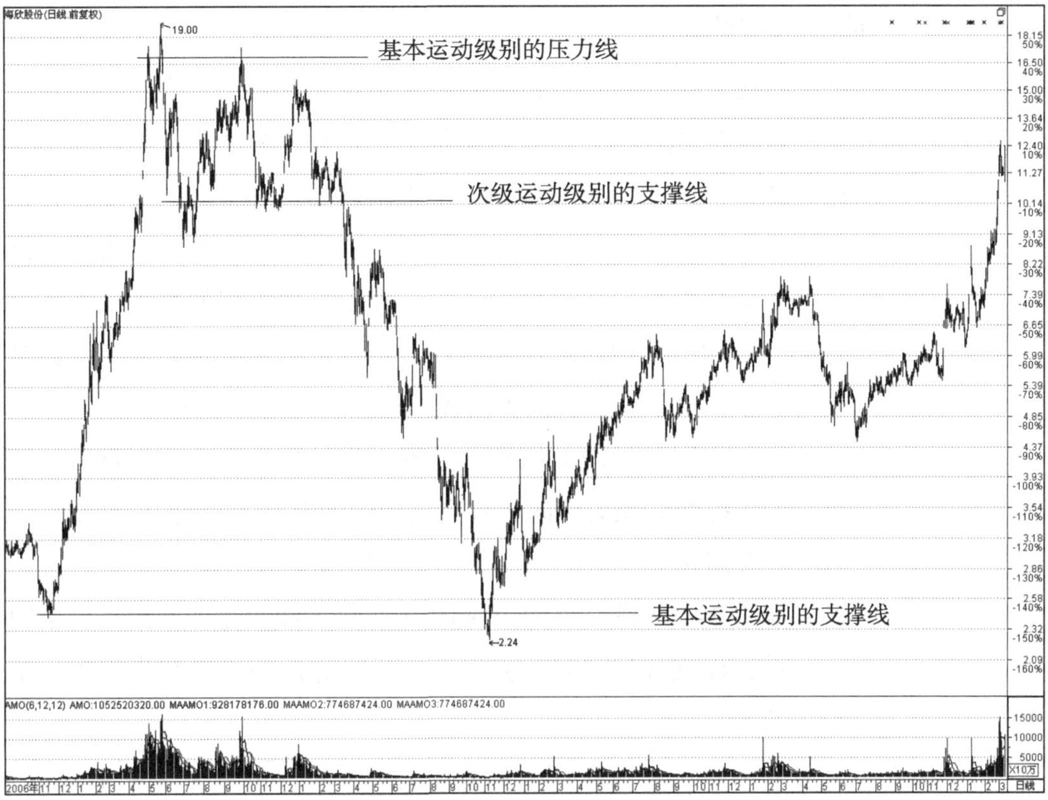

图 3–9 海欣股份（600851）不同级别的支撑线和压力线

需要指出的是，水平线刚画出时，其级别很难辨认，只有随着行情的发展，才能从后面的行情中看出所画的水平线属于哪一个级别。

对于基本运动级别的压力线和支撑线来说，基本运动级别的压力线就是牛市的顶部，基本运动级别的支撑线就是熊市的底部，非常好确认。但画出这么大级别的水平线，对于操作来说指导意义不大，在没有特殊需求的情况下，就不用画线了。对于实战有指导意义的，是次级运动级别的水平线和日常波动级别的水平线，只要画出这两种水平线就可以了。有些重要的位置，次级运动级别的水平线和日常波动级别的水平线是重合的。在特殊情况下，基本运动级别的水平线、次级运动级别的水平线和日常波动级别的水平线三者会重合。

2. 日常波动级别的水平线

只要股价在运动，日常波动级别的支撑线和压力线就存在。支撑线与压力线的关系是相互依存，相互影响的，它们的作用是阻止或暂时阻止股价继续朝一个方向运动。在上升趋势中，日常级别的水平压力线总是阻止股价暂时上涨，所以水平压力线总是被股价屡屡突破；在下跌趋势中，日常波动级别的水平压力线总是起到压制股价暂时上涨的作用，而日常波动级别的支撑线只是暂时阻止价格下跌，所以支撑线总是被股价向下跌破。

如何辨别日常波动级别的水平线呢？通常情况下，日常波动级别的支撑线和压力线附近很少出现标准形态的转折，比如双头、双底、头肩顶、头肩底等形态，大部分以 V 形出现。

如图 3-10 所示，在上升趋势中，压力线只是暂时阻止价格向上运动，而支撑线总是占主导地位，阶梯形的支撑线肯定了一个很强的上升趋势。

图 3-10 中信银行（601998）阶梯形支撑线

如图 3-11 所示，在下降趋势中，支撑线只是暂时阻止价格下跌，而压力线占主导地位，阶梯形的压力线肯定了一个很强的下跌趋势。

图 3-11 大唐发电（601991）阶梯形压力线

3. 次级运动级别的水平线

一般情况下，在牛市中，出现次级下跌趋势后，如果股价跌破次级支撑线，说明牛市已经结束；在熊市中，出现次级上升趋势后，如果股价突破次级压力线，说明熊市已经结束。

股价由上向下跌破次级运动水平支撑线，说明行情即将由牛市转为熊市。在次级上升趋势中，如果股价跌破日常波动级别的水平支撑线，说明次级上升趋势已结束，股价将沿着次级下降趋势继续下跌。

股价由下向上突破次级运动水平压力线，说明行情即将由熊市转为牛市。在次级下跌趋势中，如果股价突破日常运动级别的水平压力线，说明次级下跌趋势已结束，股价将沿着次级上升趋势继续上涨。

道氏理论的三重运动中，次级运动在基本运动和日常波动之间，是联系基本运动与日常波动的纽带，所以次级运动级别的鉴定对于把握趋势发展节奏至关重要。在判定次级运动级别趋势线时，应该综合运用切线、形态、指标、波浪理论、量价关系等多种分析工具，这样才能更好地判定次级运动级别的趋势线。

在次级运动级别的水平线附近，常常出现清晰的形态结构和清晰的浪形，这是区别次级运动水平线很好的方法。次级运动级别水平线有可能转化为基本运动级别水平线。

支撑线和压力线既有暂时阻止股价按原方向运行的作用，也有彻底阻止股价按原方向运行的作用。如果水平支撑线和压力线彻底阻止了股价按原方向运行，那么就可以确定这条水平线就是基本运动级别的水平线。当一轮牛市结束的时候，股价在短时间内不可能再创出新高了，这时的支撑线和压力线位置非常重要。

如图 3–12 所示，在牛市中，次级上升趋势结束之后是次级下跌趋势。如果股价没有突破上升趋势中的水平压力线，说明牛市已经结束。如果股价跌破次级水平支撑线的支撑，说明次级上升趋势结束，股价开始进入熊市下跌阶段。（“上海普天”现为“*ST 上普”）

同理，如图 3–13 所示，在熊市中，股价如果没有创新低，没有跌破前一个波谷的水平支撑线，这个水平支撑线就是熊市的关键位置。如果后期股价向上突破了熊市的压力线，这时就发出了熊市将要结束的信号。

一般情况下，熊市中，在次级下跌趋势之后会出现次级上升趋势。如果股价没有跌破次级水平支撑线，则说明熊市已经结束；如果股价突破次级水平压力线，则说明次级下跌趋势已经结束，股价将要上涨。

图 3-12 上海普天（600680）顶部反转形态形成过程

图 3-13 中山公用（000685）底部反转形态形成过程

第三节　水平线的真突破与假突破

一、水平线的真突破

无论是水平支撑线还是水平压力线，刚画出时，它们的位置都还不能最终确认，要随着行情的发展不断调整和修正。

上升趋势中，每个波峰位置画出的水平线，都对以后的行情发展形成压力，如果股价突破水平压力线，说明上升趋势还将延续，原来的水平压力线将转化为水平支撑线，如图 3-14 所示。

图 3-14　富春环保（002479）水平压力线的真突破

下跌趋势中，每个波谷位置画出的水平线都对以后行情的发展形成支撑，如果股价跌破水平支撑线，说明下跌趋势还将延续，原来的水平支撑线将转化为水平压力线，如图 3-15 所示。

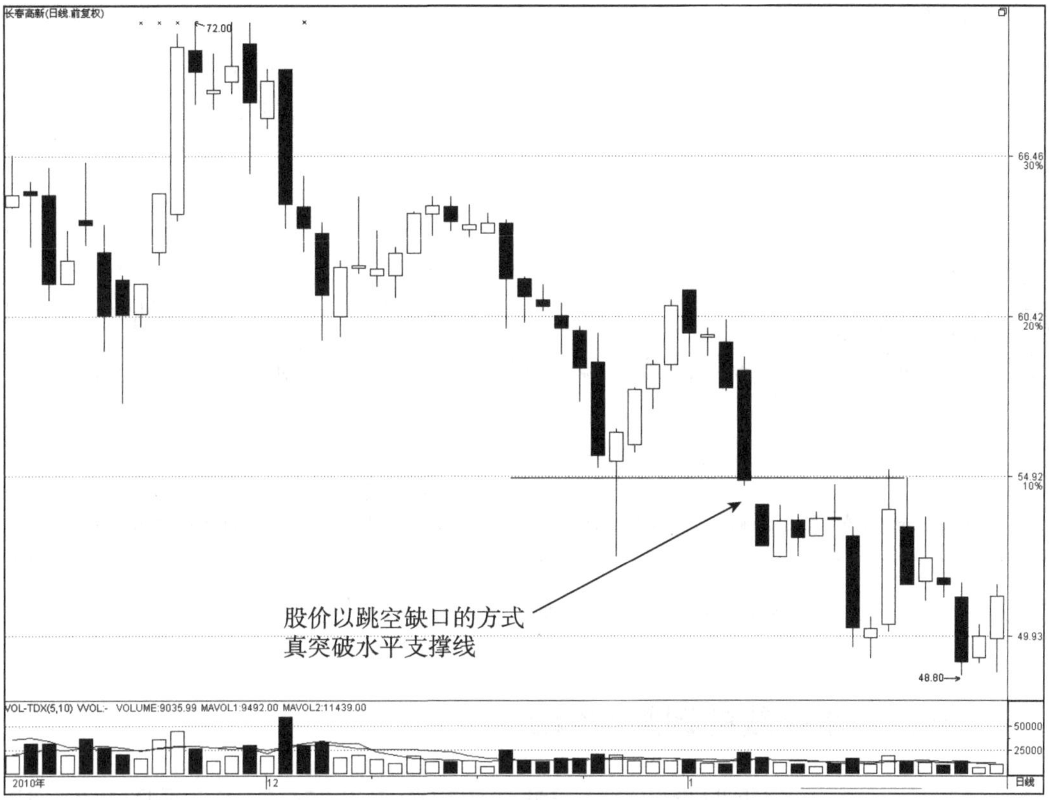

图 3-15　长春高新（000661）水平支撑线的真突破

二、水平线的假突破

刚画出的水平线只是初步判定对后市形成支撑或压力，随着行情的发展，如果画出的水平线被股价假突破，则需要调整和修正水平线的位置。原来的水平线距离现在的行情较远时，判定股价下一步的支撑位和压力位以修正后的水平线为依据。

如图 3-16 所示，中国中车在 2017 年 2 月 13 日形成一个波峰，以此波峰为基点画一条水平压力线。随着股价的运行，2017 年 4 月 6 日，股价突破了此支撑线，第二天收盘后，K 线形态为十字星，第三天是带长上影线的阴线，说明这次突破是假突破，那么在修正水平支撑线时，应该以 2017 年 4 月 6 日为基点重新画一条水平支撑线。

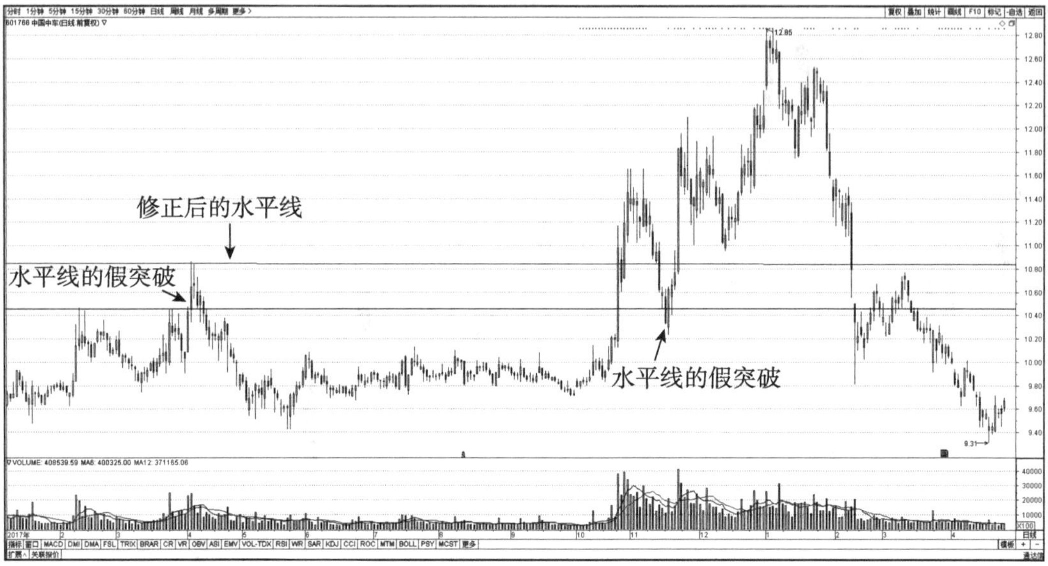

图 3-16　中国中车（601766）水平线的假突破

三、对水平线的调整与修正

根据股价的波峰或波谷画出的水平支撑线或水平压力线，应随着行情的变化不断做出修正，这是因为每条水平线在投资者眼中的重要性是不同的，每条水平线都有可能被突破，突破后修正的水平线，再次被突破的可能性就小了。

画水平线的目的是找出股价的压力位和支撑位，为下一步操作计划做准备。行情是不断发展的，水平线所起的作用也会不断变化，随着新的支撑位和压力位出现，需要画出新的支撑线和压力线。

对水平线的调整和修正过程，其实就是对各条支撑线和压力线重要性进行确认的过程，也就是对水平线级别的确认。

每一条支撑线和压力线在刚画出来的时候，并不能确认它的级别，只能随着行情的发展，在时间的考验下最终确认它的级别。

如图 3-17 所示，位置 A 是经过一年以上的时间才确认为基本波动支撑线的。位置 B 和位置 C 也经过了三个月以上时间的考验，可以断定为次级波动支撑线。位置 D 经受的时间考验比较短，基本可以判定为日常活动支撑线。

水平压力线级别的确定道理与此相同。

图 3-17　中联重科（000157）三种级别的水平线

四、对水平线重要程度的判定

1. 股价在水平线附近运行时间的长短

股价在任何一个区域运行时间的长短，都会对这个区域股价的牢固程度产生一定的影响。根据道氏理论的三重运动原理，基本运动和次级运动的转折点都不是短时间内能完成的，因此，股价在水平支撑线或水平压力线区域停留的时间越长，该水平线就越重要。比如，股价在某个水平线区域震荡了三个月，那么这条水平线就比仅仅震荡了三天的水平线更重要。

2. 股价在水平线附近伴随成交量的大小

成交量是股价涨跌的灵魂，成交量也是判断水平支撑线和水平压力线重要程度的另一个重要依据。如果某条水平线在形成的过程中伴随着巨大的成交量，说明此处有大量股票成交，这条水平线就比交易清淡的水平线更重要。在该水平线附近发生的交易越频繁，成交量越大，说明越多的投资者在此处参与了交易，因而该水平线就越重要。

在进行技术分析的时候，常把成交量较大的区域称为成交密集区，成交密集区意味着有很高的换手率。一方面，投资者在成交密集区买入，要想获利必须等待股价上升到这一成本区之上。只要这些投资者对后市没有失去信心，就不会在这一区域抛售股票，正因为这些看好后市的投资者惜售，所以行情很难跌破这一价位。另一方面，在这一区域空头也因为成交密集，导致持币量上升，手中的筹码减少，即市场上股票供应萎缩。虽然还有一部分人对后市失去信心，不断抛售，但成不了大气候。有时支撑线可能被暂时击穿，只要没有大成交量的配合和重大利空的影响，股价将重回支撑线之上，投资者的心理支撑会再次增强。一般情况下，成交密集区都会出现支撑线或压力线。

3. 水平线距当前股价的远近

根据水平线距当前股价的远近，可以判断相应的支撑线或压力线的有效程度和重要性。一般情况下，支撑线或压力线距离当前股价越远，其作用越小；距离当前股价越近，其作用就越大，其潜能也就越大。

4. 水平线能加速行情运行

在股市中，强者恒强，弱者恒弱。牛市中的支撑力来自主动性买盘的推动，压力线不断被突破，行情也会加速上涨；熊市中的压力来自主动性卖盘的抛压，所以支撑线不断被跌破，股价也会加速下跌。

下面笔者再用主力与市场的关系解释一下加速走势。假设市场上只有一个主力，在上升趋势中，主力每天都买入一定数量的股票。随着时间的推移，主力手中的筹码越来越多，市场上的浮动筹码越来越少。如果主力还是每天按原来的数量买入，股价就会加速上涨。换句话说，在上升趋势中，只需要较小的支撑力，股价就会加速上涨。

同理，在下跌趋势中，主力每天都卖出一定数量的股票。随着时间的推移，主力手中的筹码越来越少，市场上的浮动筹码越来越多，如果主力还是按原来的数量每天卖出一部分，其结果必然是股价加速下跌。

在上升趋势中，多头处于有利地位，所以水平支撑线的力量很强，股价在支撑线附近一般会形成比较规则的形态，即使短期内行情出现大幅调整，一般情况下还是会被迅速拉起。在下跌趋势中，空头不能形成强有力的阻挡，股价在阶段性顶部形成的形态都是不规则的，显得无力而且凌乱。随着股价或指数的加速上涨或下跌，震荡的幅度也会随之加大。

水平支撑线和水平压力线是趋势分析的重要依据。股价在某条水平线附近停留的时间越长，伴随的成交量越大，离现在的行情越近，这条水平线对当前价格的影响就会越大，反之就会越小。

第四节　水平线突破程度及支撑与压力的相互转化

一、水平线的突破程度

水平线的突破程度，实际上是一个由量变到质变的过程，说明作用在股价上的力量的性质已经发生了变化。支撑线和压力线既有阻止股价的可能，又有被突破的可能，这是令投资者非常困惑的现象，往往等股价偏离水平线很远时，才能判定突破有效还是无效。

一条水平支撑线被跌破，那么这条支撑线将转化为压力线；同理，一条压力线被突破，那么这条压力线将转化为支撑线。由此可见，支撑线和压力线的地位并不是一成不变的，而是可以改变的，改变的前提条件是水平线被有效突破，而且要以足够大的价格变动突破。股价突破水平线的距离越大，则突破该支撑线或压力线的可靠性越强。当支撑线和压力线被股价突破后，实现角色互换时，就对突破的距离有很严格的要求。

只有当股价穿越支撑线或压力线达到足够距离的情况下，水平线的作用才会互换。足够的距离只是一个概念，多大才算足够呢？没有统一的标准，需要投资者自己制定。有的投资者把次级水平线的穿越定为8%，如果是日常级别的支撑或压力的突破，可能只需要非常小的距离，定为3%～5%就可以了。

其实，每个投资者都有自己判断穿越的标准。需要强调的是，只有当股价穿越支撑线或压力线的幅度足够大，水平线的支撑作用和压力作用才会相互转化。也就是说，股价穿越水平线幅度越大，其可靠性越强，所以说，穿越程度带有一定的主观性。

二、支撑与压力的辩证关系

投资者对趋势的理解往往是肤浅的、不完整的，要想完整地理解趋势的概念，必须理解支撑和压力这两个概念。在上升趋势中，如果要让上升趋势延续下去，每个相继的低点也就是水平支撑线的位置，都必须高过前一个低点。同时，每个相继的高点也就是水平压力线的位置，都必须高过前一个高点。在下跌趋势中，如果趋势延续，每个相继的高点也就是水平压力线的位置，都必须低过前一个高点。同时，每个相继的低点也就是水平支撑线的位置，都必须低过前一个低点。

好多投资者有这样一个认识误区，认为只有在熊市中才有支撑，只有在牛市中才有压力。其实，熊市中也有压力，牛市中也有支撑。只是人们在牛市中关注的重点是股价到底能涨到什么位置，关注的是压力线；在熊市中关注的重点是股价跌到什么位置才会有支撑，关注支撑线更多一些。

在上升趋势中，水平压力线意味着上升势头将在此处稍微休息一下，此后股价迟早会突破压力线；在下跌趋势中，水平支撑线也不足以长久地支撑股价的下跌，不过至少能起到暂时的支撑作用。

在上升趋势中，支撑线起决定性的作用，压力线处于服从地位，所以压力线很容易被突破；在下跌趋势中，压力线起决定性的作用，支撑线处于服从地位，所以支撑线很容易被跌破。

其实支撑和压力也是一对矛盾体，它们相互依存，相互转化。如果市场短时间内不能支持价格保持原来的发展方向，也不过是使得趋势暂时停顿。所以，在上升趋势中，水平支撑线和水平压力线呈现出逐步上移的走势，不断呈现出水平压力线转化为水平支撑线的现象，这种转化说明趋势在延续，并且日常级别的波动不断被次级运动垫高。如果某条重要水平支撑线被击穿，则意味着趋势将由上升转化为下跌，或由下跌转化为上升。

投资者要养成“看盘先缩盘，缩盘向左看”的习惯，这样能看清趋势。如果确定了趋势在上升或下跌，则股价将持续朝这个方向运动。在上升趋势中，股价虽然有时也会下跌，但不影响上升的大方向，股价会不断创出新高。下降趋势则相反，不断出现的新低会使投资者人心涣散。

投资者如果能根据支撑线和压力线把握大的运动方向，不为暂时的回调所迷惑，及时跟踪支撑线和压力线性质的转化，把握趋势的反转，将会给操作带来极大的帮助。

三、支撑转化为压力

在上升趋势中，如果股价调整到前一个低点的水平，这或许预示着牛市即将结束，至少说明将要蜕变成横向延伸趋势。如果股价触及支撑线后没有转头向上，而是继续下跌，这就叫跌破支撑线。跌破后这条水平线仍然在起作用，只是名字和作用都变了，从原来的支撑线变成了压力线。

在下降趋势中，跌破支撑线的要比突破压力线的可能性大。如果股价触及支撑线后没有掉头向上，而是继续下跌，那么支撑线就被跌破了。跌破之后，这条水平线仍然在起作用，只是名称和作用都已发生了改变，从原来的支撑线变成了现在的压力线。

如图 3-18 所示，对于下降趋势，股价跌破了支撑线，点①位置的支撑线被股价跌破后，成了点②、点③、点④位置的压力线。

图 3–18　汇通能源（600605）支撑线转化为压力线

四、压力转化为支撑

在上升趋势中，水平压力线要比水平支撑线容易被突破。如果股价触及压力线后没有转向，而是继续上涨，这就叫突破压力线。股价突破压力线后，这条压力线仍然在起作用，只不过是名称和作用都变了，从原来的压力线变成了支撑线。

在下降趋势中，当股价上涨接近压力线时，如果有利多消息，且股价放量冲破阻力位，压力线被认为有效突破，但股价后市仍然被大家看好，那么该压力线也就变成了支撑线。

如图 3–19 所示，点①和点②原来是压力点位，股价突破此压力位后，水平线由原来的压力作用转化为支撑作用，点③和点④也相应地变成了支撑点位。

图 3-19　天山股份（000877）压力线转化为支撑线

五、支撑与压力相互转化的原因

一条压力线被股价突破，这条压力线就转化为支撑线；同理，一条支撑线被股价跌破，那么这条支撑线就转化为压力线。这说明支撑线和压力线是可以相互转化的，前提条件是股价被有效突破。

支撑线和压力线附近通常成交量很大，是成交密集区，所以同一成交密集区附近的水平线既是行情由下向上攀升的压力区，也是行情由上向下滑落的支撑区。

在上升趋势中，成交密集区一旦被突破，一般伴随着高换手率，此后压力区就转化为支撑区。如果有重大利好政策的刺激，成交密集区通常会很轻易地被突破，不过马上就会面临获利回吐的压力，股价继续上涨的阻力增大，上升趋势往往止步不前。

在下降趋势中，换手率一般不会明显增大，如果水平线被有效突破，则支撑线将转化为压力线。

根据道氏理论的三重运动原理，日常波动受次级运动的支配，次级运动受基本运动的支配。

在上升趋势中，如果日常波动遇到较大压力，价格将会下跌，此刻的位置就是日常压力线的位置。但日常波动受次级运动的支配，所以股价最终会突破日常波动级别的压力线。由于这个位置是在次级运动级别的动力下突破的，因此，股价一旦下跌到这个位置就会被拉起，这就是日常压力线转化为支撑线的原因。

在下降趋势中，日常支撑线转化为压力线的情况与此相反。

在上升趋势中，如果股价的次级运动遇到较大的压力时，股价将会下跌，此刻的位置就是次级压力线的位置。但次级运动受基本运动的支配，如果基本运动的趋势向上，那么股价会突破次级运动的压力线。由于这个位置是在基本运动的动力下突破的，因此，股价一旦下跌到这个位置就会被拉起，这就是在上升趋势中次级压力线转化为支撑线的原因。

在下跌趋势中，次级支撑线转化为压力线的情况与此相反。

六、支撑与压力相互转化的意义

如果股价在某个区域上下窄幅震荡，并且在该区域持续时间较长，累积的成交量较大，那么，股价突破或跌破该区域时，在该区域的上下两沿就形成了压力线和支撑线。

在上升趋势中，曾经出现过大成交量的价位，时常会由水平压力线转化为水平支撑线。水平压力线一旦被突破，便会成为下一轮回调时的支撑线，这样股价的推动力使得上升趋势不断从一个台阶上升到更高的台阶，并且从一个小的级别上升到一个大的级别，直到牛市结束。

在下降趋势中，曾经有过大成交量的价位常常会由水平支撑线转化为水平压力线，水平支撑线一旦被股价跌破，常常成为下一轮反弹行情中的水平压力线，股价的推动力使得下跌趋势不断地从一个台阶下降到更低的台阶，并且从一个小的级别下降到一个大的级别，直到熊市结束。

第四章　平行线的画法与操作技巧

股价在两条平行线之间运行，就形成了一个股价通道，这两条平行线会对股价起到支撑或压力作用。投资者可以根据股价与两条平行线的关系采取相应的操作策略。

画平行线时要注意两条线之间的距离，如果距离太小，缺乏必要的盈利空间。还要注意平行线运行时间的长短，如果时间太短，则缺乏稳定性。此外，还要注意平行线区间的成交量，如果成交量过大，则有可能突破平行区间。

第一节 平行线的定义

股价从高位跌到某个价位附近时开始止跌走稳，甚至可能出现反弹走势，这是因为多方在这个位置买入或空方在此惜售造成的。以这个价位为基点画一条水平线，这就是支撑线，支撑线能起到阻止股价或暂时阻止股价继续下跌的作用。如果在实战中能够比较准确地判断出支撑线所在的位置，也就把握住了一次较好的买入机会。

同理，当股价上涨到某个价位附近时，股价开始停止上涨，甚至回落，这是因为空方大量抛售，多方不敢贸然买进造成的。以此价位为基点画一条水平线，这条水平线就是压力线，压力线能起到阻止股价上涨或暂时阻止股价上涨的作用。

支撑线和压力线组成的平行区间被视为股价运行箱体，这是波段操作中重要的参考依据。由于支撑线和压力线都是水平线，因此这两条水平线是一对平行线。

另外，找一个波峰或波谷，把上升趋势线和下降趋势线平行移动后，就得到了两条平行线。这两条平行线也叫通道线，股价在此通道内上下波动，一条平行线起支撑作用，另一条平行线起压力作用。

当股价运行到压力线附近时，可以先卖出股票。当股价运行到支撑线附近时，可以先买进股票。

运用波段操作时需要注意以下三点。

第一，支撑线和压力线运行的时间长短与其稳定性成正比，时间长的平行区间稳定性好，时间短的平行区间缺乏稳定性。

第二，要注意支撑线和压力线之间的距离。如果间距太小，缺乏必要的盈利空间。如果间距太大，就会缺乏稳定性。

第三，注意此区间的成交量变化，当成交量过大时，往往会突破原来的平行区间。

如图 4–1 所示，当股价在下面的平行线下方向上突破时，应买入股票，并在股价运行到上一条平行线时卖出。当股价在上面的平行线上方向下跌破时，应卖出股票，并在股价运行到下一条支撑线的位置时寻找买点。（“秦川发展”现为“秦川机床”）

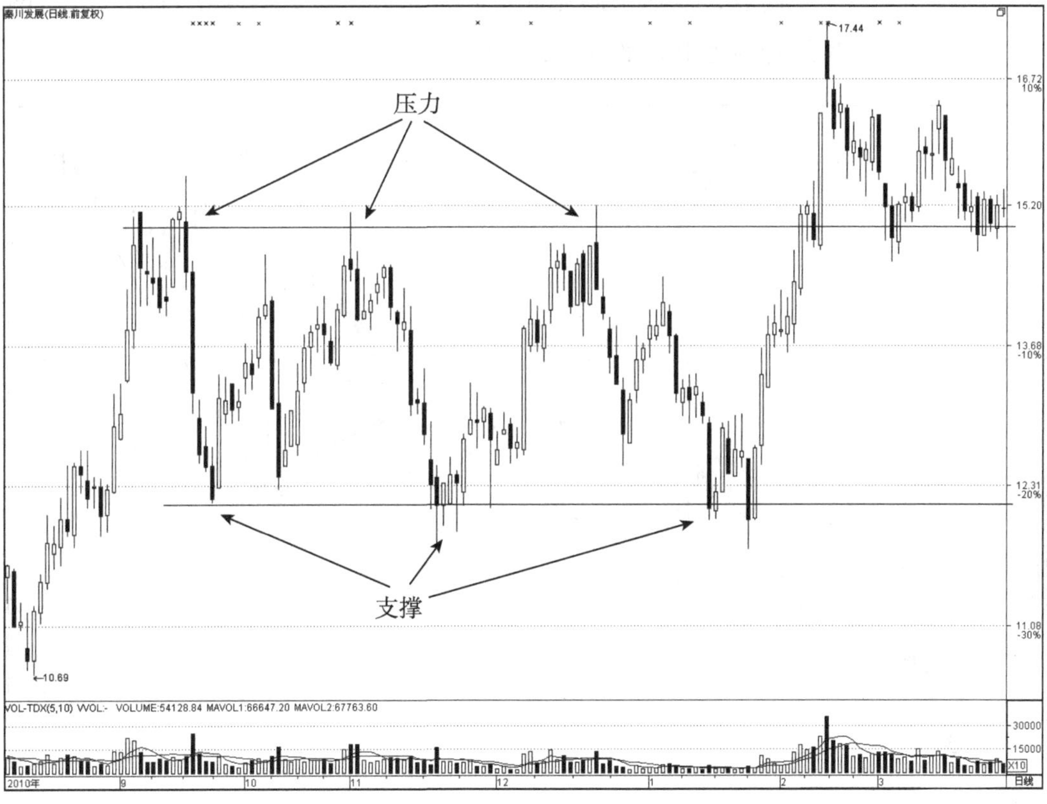

图 4–1　秦川发展（000837）压力与支撑平行线

第二节　平行线的画法

上升平行线的绘制：在上升趋势线的基础上寻找其波动的第一个高点，以这个高点向上画一条和上升趋势线平行的直线，两条线合称为上升平行线，如图 4-2 所示。

图 4-2　德美化工（002054）上升平行线

下降平行线的绘制：在下降趋势线的基础上寻找其波动的第一个低点，以这个低点向下画出一条与下降趋势线平行的直线，两者合称为下降平行线，如图 4-3 所示。

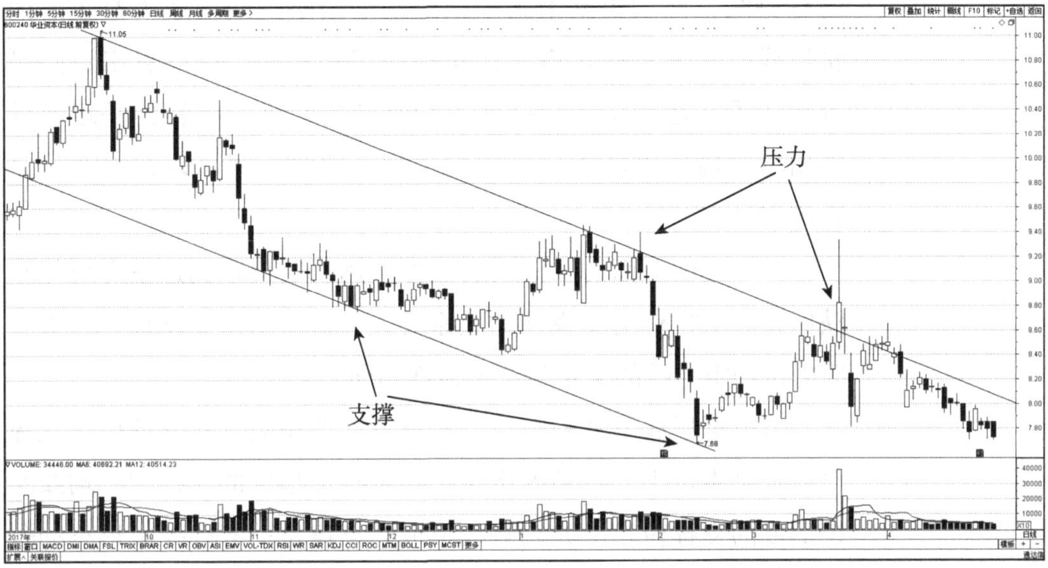

图 4-3　华业资本（600240）下降平行线

上升平行线和下降平行线其实就是通道线，下文会给大家详细讲解。

第三节　平行线的作用

平行线可以更深入地解释趋势线的作用，而且两者本来就是一体两面。平行线就像一条轨道一样，而股价就波动于轨道之间，井然有序地沿着轨道上下游走。在轨道的波动范围内，它可以预先告诉我们压力和支撑所在，投资者可以在支撑处买入，在压力处卖出。

平行线除了告知股价运行的方向及股价波动的范围以外，还可以告诉大家股价波动的方向是否已经改变。平行线同样也会向下跌破或向上突破，一旦突破，必须再画出另一条修正后的趋势线，然后再配上另一条修正后的平行线，成为修正后的轨道线。修正后的轨道线就像一条道路一样，可以看出道路是否转弯了，是否从高角度转为较平缓的角度，再转为平坦的横向角度，最后再转为反方向的角度，此时，就可以知道股价是否已经转向了。

平行线中下面的一条具有支撑作用，股价跌到这里有可能止跌回稳。支撑位与支撑线的关系是，支撑线由多个支撑位组成，阻力位和阻力线的关系与这个道理相同。

当股价形成下跌趋势后，投资者都会积极寻找支撑位。支撑位通常是由以下几种情况产生：技术指标形成的支撑位；均线系统形成的支撑位；上升趋势线形成的支撑位；各种技术形态的颈线位，如头肩顶和圆弧顶等头部形态的颈线位；大型缺口下边缘形成的支撑位；前期密集成交区形成的支撑位；历史上曾经多次发挥支撑作用的历史支撑位。

支撑位是下跌趋势中投资者制订交易计划的重要参考依据，但是在实际操作中，有些投资者往往对支撑位产生强烈的依赖心理，可能造成操作失败。

有不少投资者认为有支撑位，股价就跌不下去，还有的投资者认为股价下方的支撑位越多，成交量越密集，股价就越不可能跌下去。其实，这些支撑位只是表明该点位对股价的下跌将起到一定的支撑作用，并不表示股价一定不会下跌。

还有的投资者认为支撑位对股价的支撑作用是看得见摸得着的，而不是心理上的支撑作用。但事实恰恰相反，在大多数情况下，支撑位对股价的支撑作用都源于心理。

在笔者接触的不少股民中，有的人喜欢将股价的支撑位设定为抄底价，当股价跌到支撑位时就盲目抄底，这种做法非常危险。因为在股市下跌趋势形成时，任何支撑位都不是绝对的，也不是坚不可摧的。投资者抄底时一定要看清整个市场的走势，看清整个发展趋势和演变过程，只有在市场趋势真正转强时，支撑位才是最佳买点。

第四节 通道线

一、通道线存在的基础

通道线是技术分析方法中一种常用而又行之有效的切线理论分析方法。通道线又称轨道线或管道线，是基于趋势线产生的一种支撑或压力线。在明确了趋势后，可以通过第一个峰或谷画出这条趋势线的平行线，这对平行线就是通道线。

两条平行线组成一条通道，这就是常说的上升通道和下降通道。通道的作用是限制价格的变动范围，让股价不能远离通道，最好在通道内波动。一条通道一旦得到确认，那么价格将在这个通道里波动。如果股价突破上面的直线或下面的直线，就意味着行情要发生转变。随着突破行情的产生，行情的发展趋势将改变。

与股价突破趋势线道理相同，股价对通道线的突破不仅是趋势反转的开始，有时也可能是原来趋势加速的开始，趋势线的斜率将会增加，趋势线会变得更加陡峭。

通道线与趋势线是相互依存、相互修正的关系，突破的方式以及是否放量突破对后市影响较大。画通道线的时候，可以非常明显地看到先有趋势线，后有通道线，趋势线比通道线重要。趋势线可以独立存在，通道线却不能独立存在。

通道线同趋势线一样，通常会提供趋势研判和买卖点。首要的问题是通道线要被确认，股价如果得到支撑或受到压力在通道线处拐头，并一直运行到趋势线上，那么这条通道线就被认可了。当然，通道线被触及的次数越多，持续的时间越长，区间的成交量越大，其被认可的程度和重要性就越高，这一点同趋势线及大多数切线分析原理是相同的。

通道线还有一个作用，就是发出趋势转向预警信号。如果在一次波动中没有触及通道线，离得很远就开始拐头，这往往是趋势将要改变的信号，行情可能没有力量继续原来的趋势了。

从运行方向上分，通道线可以分为上升通道、下降通道和水平通道。尽管在时间上或级别上存在较大的差别，但有时股价会以一种比较有规律的方式运行，在盘面上的表现就是以通道的方式运行，股价基本上被限制在两条平行线内。

在上升通道中，下轨是上升趋势线，上轨是通道压力线，股价碰到上升趋势线时买进，碰到通道压力线时卖出；在下降通道中，上轨是下降趋势线或压力线，下轨是通道支撑线，股价碰到下降趋势线时卖出，碰到通道支撑线时买进；无趋势通道则是两条水平平行线，操作方法也是下轨买进，上轨卖出。

从运行规模上看，通道可以分为大型通道、中型通道和小型通道。由于通道的大小不同，有可能形成一种大通道中包含小通道的现象，如图 4–4 至图 4–7 所示。

二、通道线的画法

画通道线时，必须先画出趋势线。如果股价处于上升趋势中，要以股价波动的低点为基点画出上升趋势线，作为通道支撑线，如图 4–8 所示。

再根据趋势线画出对应上升趋势线的平行线，这样就画出了反映股价运行趋势的上升通道。从理论上来讲，画出的压力线必须与上升趋势线平行，如图 4–9 所示。

图 4-4 中天科技（600522）上升大通道里包含小通道

图 4-5 濮耐股份（002225）上升大通道里包含上升小通道

图 4-6　五矿资本（600390）下降大通道里包含上升小通道

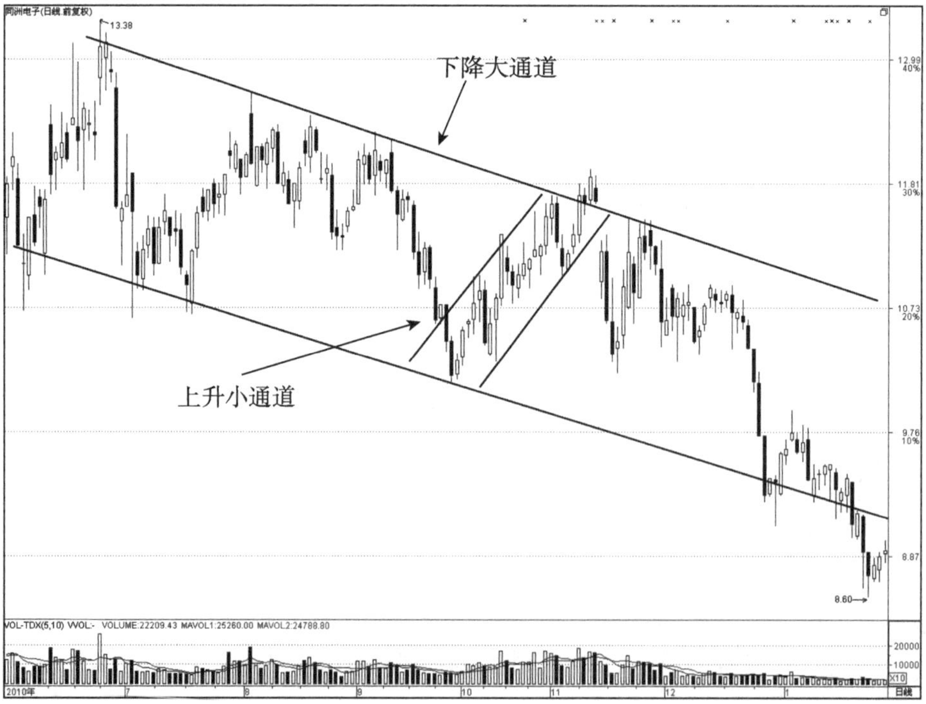

图 4-7　同洲电子（002052）下降大通道里包含上升小通道

图 4-8　恒宝股份（002104）画上升趋势通道时先画上升趋势线

图 4-9　恒宝股份（002104）画出趋势线后再找出一个波峰画一条平行线

如果股价处于下降趋势，则先要根据股价波动的每次高点画出下降趋势线，作为通道压力线，然后根据下降趋势线画出相应的平线线，这样就得到了反映股价运行趋势的下降通道，如图 4-10 所示。

图 4-10　上实发展（600748）先画出下降趋势线再找到一个波谷画出平行线

三、利用通道线找准买卖点

当通道处于水平或上升状态时，说明趋势是水平的或向上的，是适合投资者进行波段操作的。股价每次接近下轨线时，投资者可以波段性买入；当股价涨到上轨线时，投资者可以波段性卖出，如图 4-11 和图 4-12 所示。

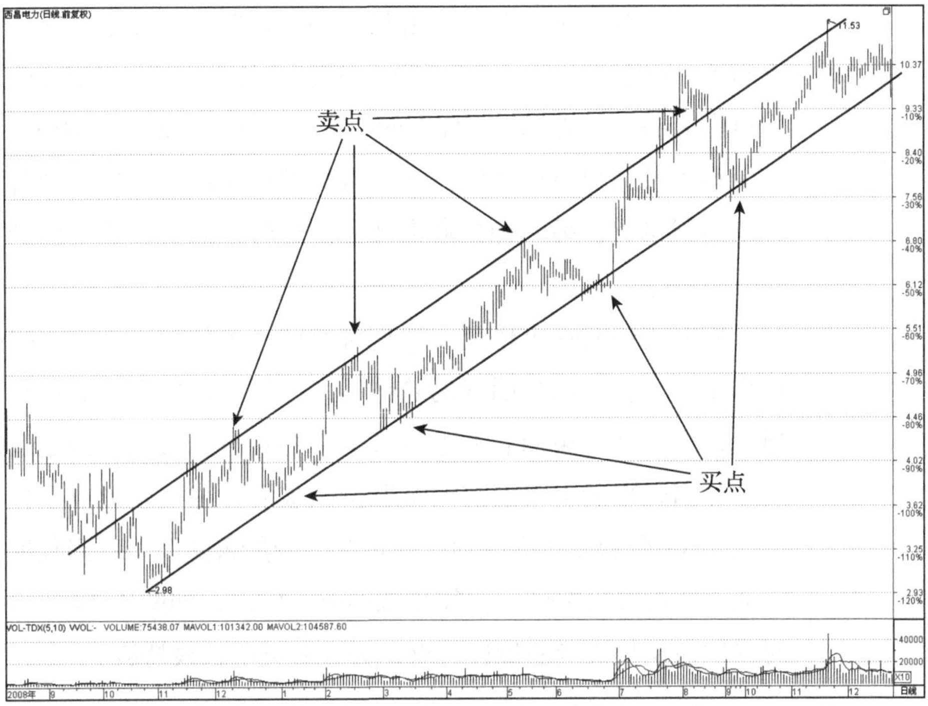

图 4-11　西昌电力（600505）上升通道中的买卖点

图 4-12　秦川机床（000837）水平通道中的买卖点

需要注意的是，这种通道是一种非常标准的形态，几乎可以不画图，光凭肉眼就可以确定波段操作中的大致买卖价位。但是，股市中大部分通道都是不标准的，而且在一个相对较长的通道中，股价很难长久保持标准的形态。常见的通道改变方式有两种：一种是通道平移，另一种是通道转向。这时候需要投资者画图才能找准买卖点。

通道线还有一个作用，就是对股市的顶部和底部有明确的提示作用。当行情形成明确的趋势后，往往会形成上升通道和下降通道，当行情结束原有的上升或下降趋势时，必须突破通道线。所以，当长期的上升通道线被股价跌破后，往往就形成了顶部，如图 4-13 所示（“中航地产”现为“中航善达”）；当长期的下降通道线被股价突破后，往往就形成了底部，如图 4-14 所示，这时候往往是投资者的最佳买点，买入后可中长线持股。

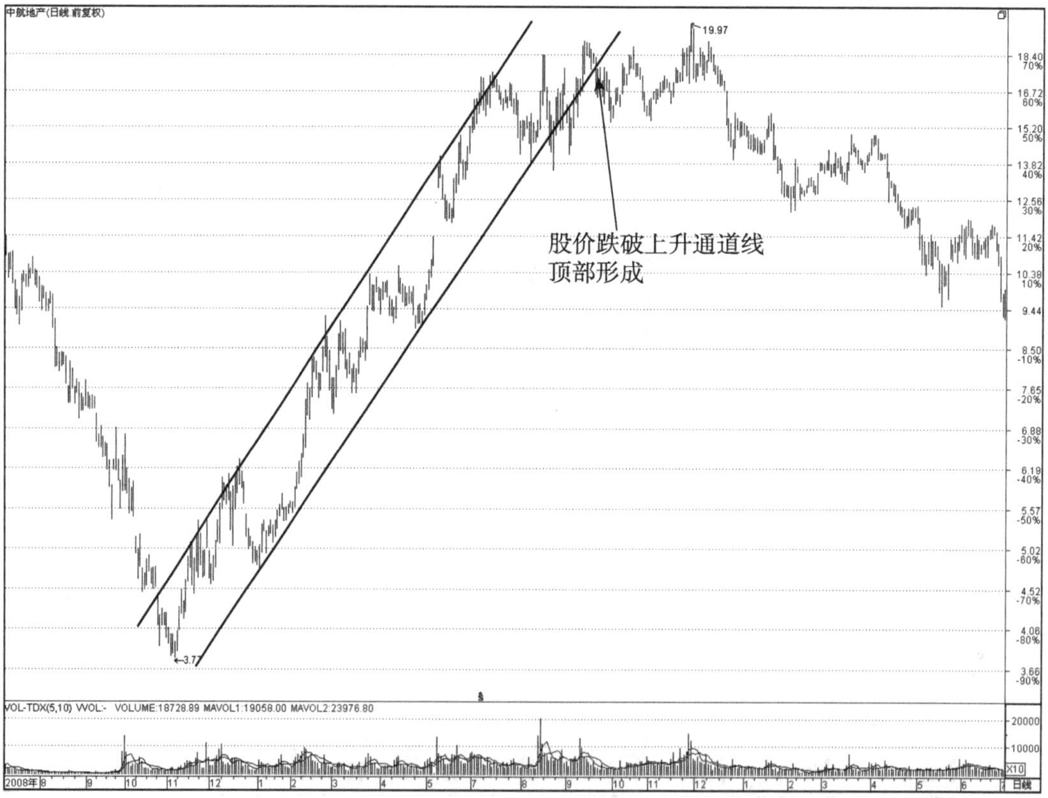

图 4-13 中航地产（000043）股价跌破上升通道线形成顶部

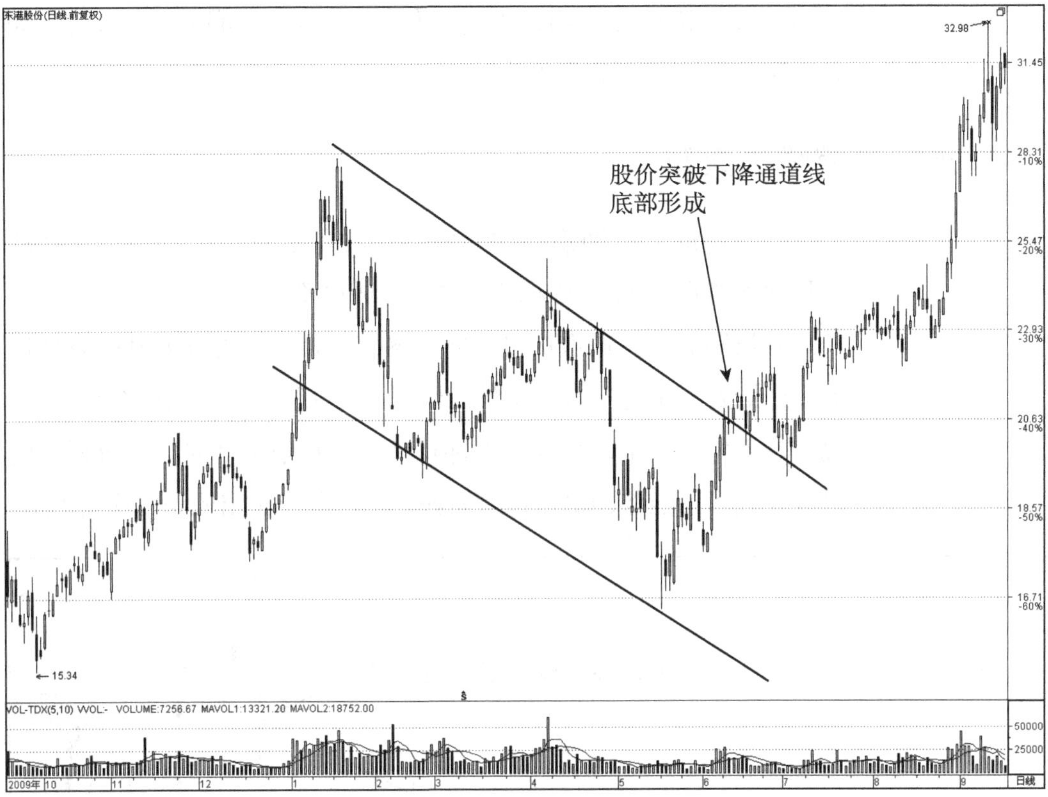

图 4-14　东港股份（002117）股价突破下降通道线形成底部

四、通道线的斜率和波动幅度

一般来说，趋势通道线都有一定的角度范围。上升通道的角度一般为 45°~60°，下降通道的角度一般为 30°~45°。

通道线斜率过大，往往不会长久；通道线过于平缓，往往容易变化。相对来说，通道线运行的角度越接近 45° 越稳定。

通道宽度决定了投资方式。在水平通道中，如果通道宽度能做出差价来，适合短线操作。在上升通道中，通道宽度大的时候，投资者可以保持半仓，通过低买高卖实现滚动盈利。如果上升通道宽度较窄，投资者可以持股不动，直到通道方向改变时再卖出。

在下降通道中，如果股价波动幅度较大，通道较宽，投资者可以在股价运行到上轨道时卖出，但当股价运行到下轨道时，一般不要买进抢反弹。如果你的操作技巧很高，可以适当参与，如果通道较窄，投资者最好空仓观望。

五、通道线的突破

当长期的上升通道被跌破时，往往预示着顶部到来；长期的下降通道被股价向上突破时，往往形成底部。

当长期的上升通道被股价向上突破，是不是意味着新一轮加速上升行情到来了呢？其实不然。如图 4-15 所示，股价突破上轨线，说明是主力资金推动形成了上冲行情，但从浪形和时间上分析，此时该股进入了强势的最后冲刺阶段，投资者应卖出股票，获利了结。

图 4-15　海利得（002206）股价强势上冲，突破上轨

如果股价快速突破上轨线，一般情况下，短时间内会有快速调整的行情，通常股价会击穿上升通道的下轨，之后再出现新的运行趋势，原来的上升趋势将被破坏，如图 4-16 所示。

图 4-16 大洋电机（002249）原上升通道被击穿后出现新的运行通道

不论股价是向上突破通道线还是向下跌破通道线，在击穿通道线后运行通常都会非常迅猛。突破上升通道线时通常是显著放量，并且伴随着回抽现象。下降跌破通道线时与成交量关系不大。对通道线的突破要以股价的收盘价为标准，突破的幅度应该超过 3%。在平缓的走势中应以时间为标准，最好超过 3 天。投资者买入时，最谨慎的做法是突破后等待回抽确认再买入。

六、通道线的修正

不是所有的通道线被突破后趋势都将反转，有时候股价突破通道线后仍然保持上升趋势，有的则转为下降趋势，这时投资者就需修正通道线，如图 4-17 和图 4-18 所示。

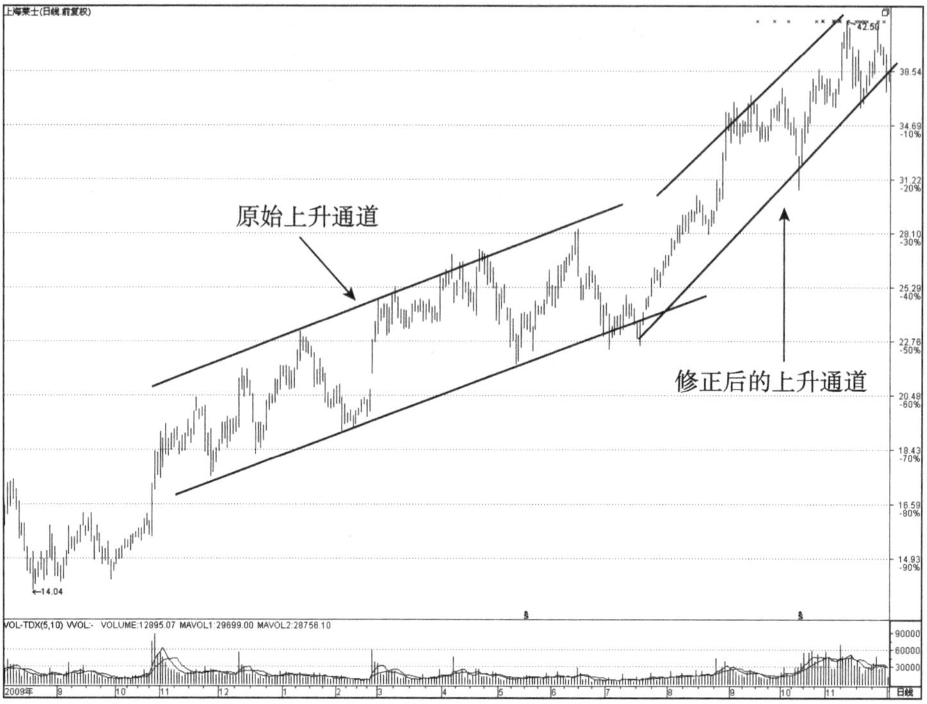

图 4-17　上海莱士（002252）原始上升通道和修正后的上升通道

图 4-18　洋河股份（002304）股价跌破上升通道线后在下降通道中运行

七、通道线实战技巧

关注上升通道上轨与下轨之间的距离，当股价波动幅度越来越小时，预示着即将变盘，投资者尽量减少在通道下轨买进，在通道上轨卖出的波段性操作，应该树立中长线投资思路，注意股价最终突破的方向。

一般投资者都认为上升通道被股价突破是新一轮行情的爆发，跌破上升通道必将打开下跌的空间，这种观点是片面的。

上升通道放量向上突破，往往意味着头部即将到来，这是因为股价在上升通道中涨幅太大，已经累积了比较多的获利盘。普通投资者看到放量突破，积极追进，主力就会乘机派发出货。因此，上升通道向上突破时，投资者需要把握快速上冲的机会获利了结。

在下降通道中向上突破时，往往意味着一轮强势上涨行情启动。在下降通道中向下跌破时，并不一定就是熊市来临，有可能意味着新的机遇即将出现。

在上升通道被击穿时，投资者一定要做到涨不喜，跌不忧，以平稳的心态对待行情的变化。

如果行情向上突破下降通道，投资者要保持谨慎，等到上升通道形成后，行情上升有一定的持续性时才可以入场，最好出现二次低点时再买入，如图 4–19 所示。

下降通道中的成交量一般呈逐渐缩小的态势，上轨线往往对股价形成一定的压力，下轨线往往对股价形成一定的支撑。

在下降通道中进行短线操作，属于风险极大的抢反弹操作，仅适合少数有丰富操作经验的职业高手，对绝大多数普通投资者来说并不合适。在下降通道中，投资者应以卖出和减轻仓位为主。在抢反弹的操作中，投资者不要预先设置盈利目标位，毕竟这是下降趋势，行情非常弱，如果股价遇到压力，应该立即果断卖出。另外，投资者要注意下降通道的宽度，如果上下轨之间宽度过窄，则不能抢反弹，只能空仓观望。

图 4-19　江苏吴中（600200）下降通道被突破出现二次低点

如果你是一个中长线投资者，当行情走势出现下降趋势时，在下降通道形成初期，要及时卖出股票，减轻仓位，保留本金，为以后战略性建仓打下良好的资金基础。在下降通道形成初期减仓，可以起到防止损失进一步扩大的作用。如果仓位较重，一般损失会较大，而且调整行情中不确定因素较多，在趋势不明朗时仓位越重，风险越大。另外，投资者在实施清仓操作时，不要太顾及自己是否盈利，亏损的股票更应该抛掉。

对于减仓的具体操作，并不是不分时间、不计成本地恐慌性抛售，而是要把握好抛售时机，这个时机就是当股价运行到波段性行情的高点位置时，如果股价出现上涨迟滞，投资者应该果断抛出。

投资者减仓或清仓后，就是耐心等待了，耐心等待是中长线投资者在下降趋势最重要的操作要点。虽然短线投资比中长线投资利润更加丰厚，但短线操作对投资者的操作水平和风险控制能力都有较高的要求。一般的投资者最好进行中长线投资，在股市处于下降趋势时，不要太看重行情震荡起伏产生的短线收益，也不要因为股价稍微反弹就盲目幻想着大牛市已经来临，更不要追涨热点，因为热点往往是昙花一现。这时候，投资者需要做的就是耐心等待趋势明朗和彻底转暖。

没有永远只跌不涨的股市，也没有永远只涨不跌的股市。在下降通道中，投资者要时刻注意风险。当主力将股价大幅拉升并获利了结后，股价就会一路不回头地向下运行。在这个过程中，许多投资者开始寻找股价底部，分析师和股评更是纷纷预测底在什么位置，但行情的发展不以人的意志为转移，人们心目中的各种底常常被击穿，使投资者被套牢。特别是在下降通道中，每次反弹都是卖出股票的最佳机会，而每次的见底只不过是暂时性的止跌，随着行情的发展，股价还会创出新低。

第五节　利用平行线判断双头（底）目标位

双头（底）是一个相当重要的形态，投资者一定要细读双头（底）的形成过程，股票、期货、外汇等走势图中，凡出现双头（底）信号的，大多数都有大逆转产生。也就是说，双头（底）的产生不是在行情趋势的中途出现，而是在头部或底部出现，大部分是长期转向信号。然而，辨认双头（底）形态的完成并非一件简单的事，因为有许多前提条件的限制。

双头是行情已经过多日上涨，投资者沉醉上升趋势很久时产生的。在连续上涨过程中，由于人性的贪婪，不少投资者仍梦想着赚更多的钱，对牛市抱有越来越大的幻想。然而太阳终究有落山的时候，股价上涨到一定程度肯定会回落。但是此时市场人气依然高涨，虽然股价遇到了压力，或涨幅过大已到穷途末路，不过短时间内要使股价大幅下跌也不容易，这时需要一段时间来调整，等待投资者高涨的情绪慢慢平静下来。

通常一段牛市走势快到尽头的时候，会出现高价区，好多指标出现了钝化的现象。这时，部分投资者获利很多，在居安思危思想的指导下，市场会因为获利回吐的卖压造成下跌。这一段下跌的速度非常快，令投资者措手不及。不过，股价不可能一跌到底，下跌后不久，股价就会在某一价位获得支撑，然后反弹上涨。随着股价涨到前一次高点附近或稍高一点的位置，市场又受到非常大的压力。这一次的下跌，投资者受到前一次下跌支撑的影响，不再大举卖出，因此，股价就在前一次高点附近徘徊。

第二次高点附近，多空双方展开拉锯战，但多头力量会慢慢地减弱，股价逐渐下跌。此时投资者还不知行情下跌的严重性，直到下跌至前一波低点时，才觉察到大熊已经来临，并且在股价跌破颈线时恐慌性地卖出，这时盘面就完成了双头的走势。

当出现双头时，如何预测下跌的目标位呢？平行线能帮你预测出下跌的目标位。一般情况下，从高点到低点的距离再向下同样的距离所在的位置就是目标位，如图 4–20 至图 4–23 所示。

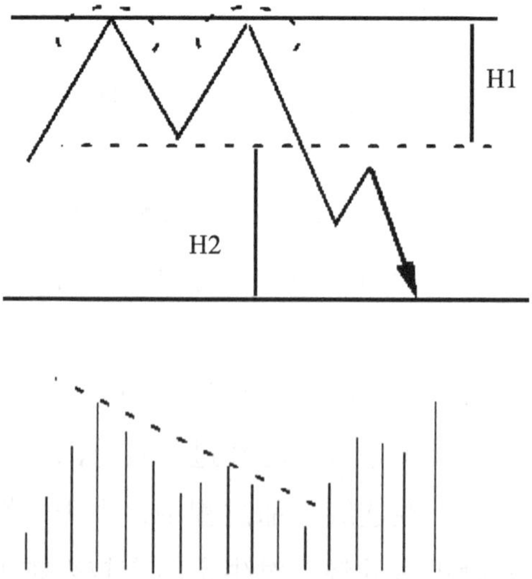

图 4–20　双头下跌目标位（H1=H2）

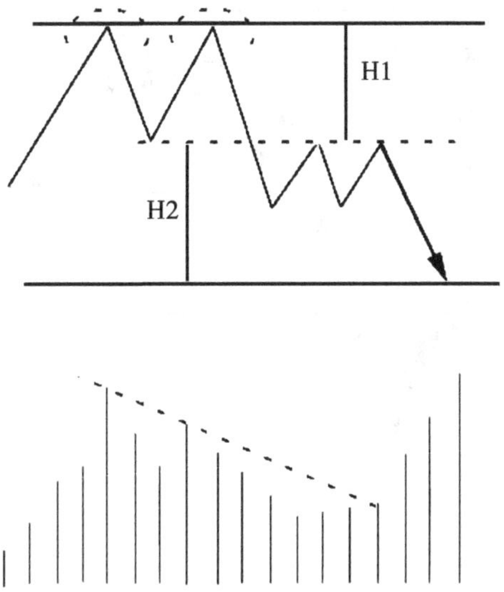

图 4-21　双头 + 平台下跌目标位（H1=H2）

图 4-22　方正电机（002196）双头下跌目标位（H1=H2）

图 4-23　深圳惠程（002168）双头 + 平台下跌目标位（H1=H2）

当行情走完一大波熊市之后，无论投资者的情绪还是股市元气都已大伤，必须经过一段时间的调整，市场才能恢复活力。在调整和恢复期，盘面上有许多表现形态，其中双底是一种非常重要的形态。

当市场处于熊市时，股价在卖方的“炮火”打击之下不断下挫。经过长时间的下跌后，下跌力量越来越弱，一旦股价在合理的位置遇到了支撑，就会在这一区域暂时止跌。由于长时间的股市下跌，此时被套牢的投资者非常郁闷，空仓的投资者见到股价有上升的可能时，纷纷奋不顾身地进场买入，造成行情反弹回升。反弹回升随后遭到卖方的压力出现重挫，投资者刚燃起的信心再次被浇了一盆冷水。这时人们又开始怀疑，熊市到底结束了没有？股价是否还要继续下跌？股价的下跌让他们再次感到不安和失望。

股市处于长时间的下跌趋势中，要扭转这种局面，必须有足够的时间和空间让市场休养生息。投资者在股价止跌的第一时间里便冲进市场大举买入，就是没有了解市场的特性，属于一时冲动之下的决定。此时的行情终究不是正式止跌回升，所以股市反弹回升后不久，就会再次遭到重压受挫。

如果再次下跌的股价是为了形成双底的话，它只会下跌至前一次低点的位置附近，最多是稍破一下前次低点，以不超过前次低点的 3% 为原则。投资者由于经历了前一次冲动买进被套的痛苦，虽然这时股价又跌回前次低点附近，但投资者不会积极买进了，这时市场就会显得非常沉闷。但是，这次低点是一次合理的支撑，股价也不再持续下探，形成一种胶着状态，接着就形成了双底。

当双底出现时，如何预测股价上涨的目标位呢？与双头原理相似，也可以利用平行线进行测算。一般情况下，从最低点到反弹高点的距离向上翻一倍的位置就是目标位，如图 4-24 至图 4-27 所示。

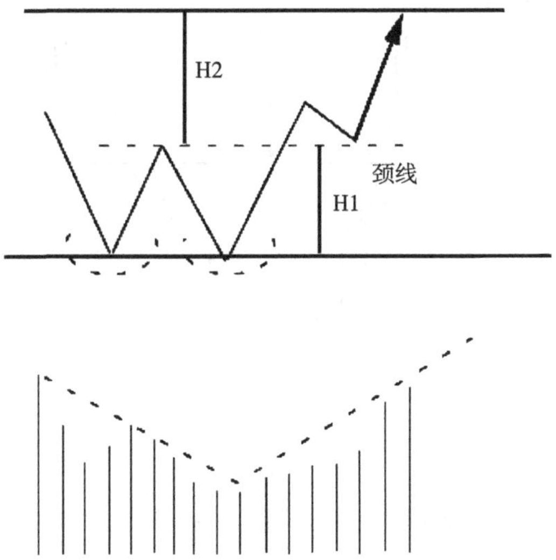

图 4-24　双底上涨目标位（H1=H2）

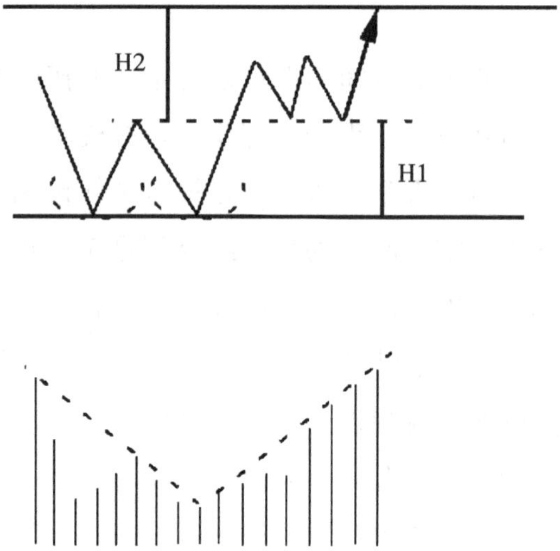

图 4-25　双底 + 平台上涨目标位（H1=H2）

图 4-26　威尔泰（002058）双底上涨目标位（H1=H2）

图 4-27　纳思达（002180）双底 + 平台上涨目标位（H1=H2）

第六节　利用平行线判断头肩顶（底）目标位

头肩顶形态由左肩、头部、右肩三部分组成。股价经过一段长时间或大幅度的上升之后，成交量逐渐增加。当股价到达某一高点时，获利较多的投资者可抛出股票，这时股价开始回落，成交量减少。股价下跌到某一个低点时又开始上涨，从而形成左肩。股价回升后，明显超越左肩的高点，直到上涨到某一新高点才会停止。此时成交量也会因为股价的上涨而增加，但总体上小于左肩的成交量。之后股价又再次回跌到前次左肩回落的低点位置，从而形成头部。这时头部左右的低点可以连接成一条水平颈线。头部的低点形成后，股价再一次回升，但没有超过头部的顶点就再次下跌，这时成交量更小。跌到颈线附近时，可能稍微停顿一下，接着一举跌破这条颈线。经过三次下跌，头肩顶形态完成。

股市中一旦出现头肩顶形态，大部分都是市场中期转向的信号，而且其准确性非常高。市场走出头肩顶形态，即使后来证明是失败形态，也可以当作一种警告信号。很多例子显示，走出失败的头肩顶形态后，股价虽然再次上涨，甚至超过头部的价位，但是行情终究已是强弩之末，等股价回落下跌时，会跌得更急，幅度更深。

头肩顶下跌的幅度，基本上是以头部到颈线间的垂直距离为其突破颈线后下跌的幅度。很多例子证明，股价经常可跌去这一幅度的二倍或三倍，如图 4-28 至图 4-30 所示。

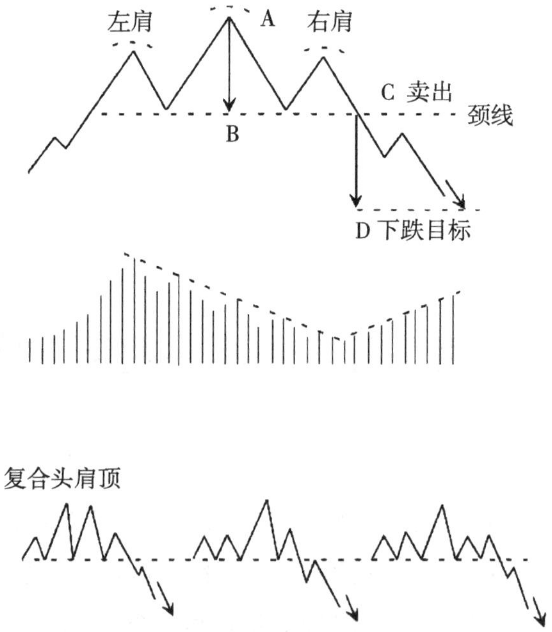

图 4-28　头肩顶形态下跌目标位（AB=CD）

图 4-29　五粮液（000858）头肩顶形态下跌目标位（H1=H2）

图 4-30　超声电子（000823）头肩顶形态下跌目标位（H1=H2）

头肩底和头肩顶一样，都是中期转向信号。所谓“中期”，意思是指持续三周以上或几个月内的走势。头肩底形成的过程，正是行情经过长期下跌后的盘整阶段，这时行情非常沉闷，投资者也是悲观情绪占主导地位。经过买方两三次的挣扎，逐渐形成头肩底形态，行情打底成功，随后突破上涨。

在一段中期下跌过程中，形成一次恐慌性的抛售，成交量迅速放大。经过这次集中抛售，股价逐渐反弹到某个高点。在反弹的过程中，成交量却不配合，而是逐渐减少，此时即形成左肩。在第一次下跌反弹完成后，股价又开始了新一轮的下跌。新一轮的下跌更急更猛，并且创了新低。在这个下跌过程中，成交量比前次下跌有所放大，通常与左肩的成交量并不相等。接着股价出现第二次反弹，在反弹的过程中，成交量一定比左肩的量能要大一些，此为头肩底的头部。下跌反弹后，股价又出现第三次下跌，此时成交量明显少于左肩和头部的成交量。在股价反弹前，低点比头部高一些，此为右肩。盘面上形成两个反弹的高点，将这两点连线便是头肩底的颈线。最后，股价向上突破颈线，伴随着成交量明显放大，头肩底图形最终完成。

形成头肩底的过程较长且沉闷，作为长期底部时，其准确度较高。作为中期底部时，后续至少会有一个中期反弹走势。

突破后的上涨幅度，以头部至颈线之间的距离为依据。突破之后，通常会出现回抽现象，股价先回跌到颈线附近再上涨，因此，回抽时可以说是多头最后一个加仓的机会，如图4–31至图4–33所示。

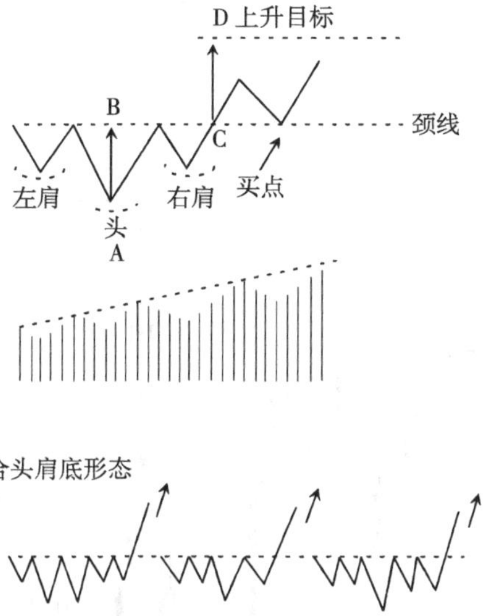

图 4-31 头肩底形态判断上涨目标位（AB=CD）

图 4-32 潍柴重机（000880）三底形态判断上涨目标位（H1=3H2）

图 4-33　一汽富维（600742）头肩底形态判断上涨目标位（H1=H2）

第七节　利用平行线判断三角形态目标位

当股价从底部发力上涨后，发展到一定阶段，就会出现反复及停滞的现象，走势令人困惑，三角形态就是这种走势的表现。出现这种形态后，投资者往往不知所措，找不到股价运行的方向。即使是精于技术分析的人，也要等市场未来的发展方向明确，确定其走势后，才敢进场操作。

三角形态价格变动的区域由大而小，由宽而窄，波动幅度整体上逐渐缩小。随着股价的波动幅度逐渐缩小，量能温和萎缩，在盘面上的表现是从左向右缩小。当三角形态发展到末端时，其价格波动幅度非常小，成交量也没有大的变化。

三角形态上面的一条斜线由高点和次高点连接而成，下面的斜线由低点和次低点连接而成，这四个点包含着“涨—跌—涨—跌”四个短期波动循环。每一次上涨顶点出现后，就带来一波下跌，每一次下跌后就带来一波上涨，而第二个顶点比第一个顶点要低，第二个低点比第一个低点要高。

要想突破三角形态，股价必须突破上下两条斜线。如果在接近三角形态的尾端才突破，其力道相对较好。如果超过三角形态的尾端仍未突破的话，则其力量就会消失，那么这个三角形态便没有意义。三角形态的有效突破通常以第一个顶点或低点算起，到尖端部分的 1/2 或 3/4 处突破，这种情况下其突破力量较大并且有效，如果超过 3/4 的长度仍未突破，则股价发展到三角形态尾端的可能性较大。

出现三角形态后，有些投资者便迫不及待地进入市场，结果被套了。根据统计结果，有超过 3/4 的三角形态属于盘整形态，只有不到 1/4 的三角形态属于转向形态。在这种情况下，如果投资者以自己想象的发展方向提前入市，结果往往令人失望。尤其经过恐慌性大跌之后出现的三角形态更不可靠，很多投资者都持怀疑和不信任的态度，因此，此类三角形态持续大跌的机会将大大增加。

如果三角形态向上突破，成交量必须显著放大，否则不能确定其突破的有效性。

另外，当回抽完成后，股价应该迅速上涨，继续朝原来的方向运动，否则可能是一种假突破，尤其有向上突破的信号时，应该特别注意。

三角形态向上突破能涨多少？一般以向上突破点算起，涨幅大概是三角形态第一个顶点与第一个低点之间的垂直距离。三角形态向下突破能跌多少？大致以向下跌破点算起，跌幅是三角形态第一个顶点与第一个低点之间的垂直距离，如图 4-34 至图 4-37 所示。

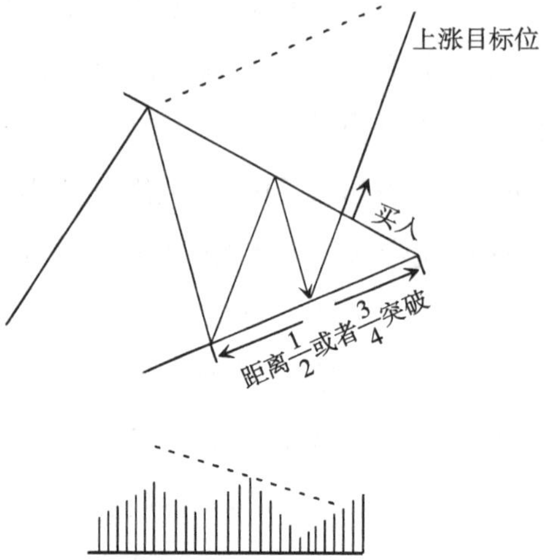

图 4-34　三角形态向上突破上涨目标位

图 4-35　银鸽投资（600069）三角形态向上突破至上涨目标位

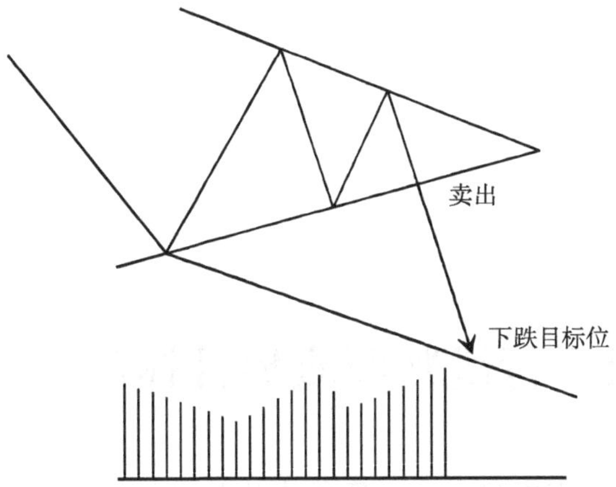

图 4-36　三角形态向下跌破目标位

图 4-37　深康佳 A（000016）向下跌破至下跌目标位

第八节 利用平行线判断旗形目标位

股市中最令人讨厌的走势就是行情陷入盘整格局，但是，如果行情突然跑得太快，令人措手不及，或者行情已连续拉升好多，在一个相对的高价区进行盘整，投资者应该继续追涨还是在高位卖出股票？这对大多数投资者来说都是非常头疼的事，因为此时很难做出有效的决策来。旗形能为投资者提供很好的参考依据。很多时候，股价的上涨或下跌是非常快的，当其迅速到达某一价位时，会稍作休息，短暂回抽，这时投资者就可以对股价是否还沿原来的方向前进做出判断。

在持续整理形态中，旗形是一种比较常见和典型的形态。它在盘面上的形态就像挂在旗杆上的旗子，大幅上升后的股价走势线就像一根旗杆。当到达某一点位后，股价呈现一种由左上方向右下方倾斜的整理形态，类似于下倾的平行四边形，就像旗面一样。

在旗形形态内，成交量是由左向右递减的。在前一段快速上涨的过程中，成交量逐渐增加，一直增加到一定限度后，才会转为逐渐缩小。

在旗形形态内，随着成交量的放大，为什么快速上涨的行情会停止呢？这是因为有越来越多的投资者受不了快速上涨的行情刺激而进入市场，刚买进，行情却戛然而止了。下一步该怎么办？是走是留？市场会让你猜猜看。

股价向上突破上升旗形后上涨的幅度，与前一次大幅上升的旗杆直线距离相同，如图 4-38 所示。

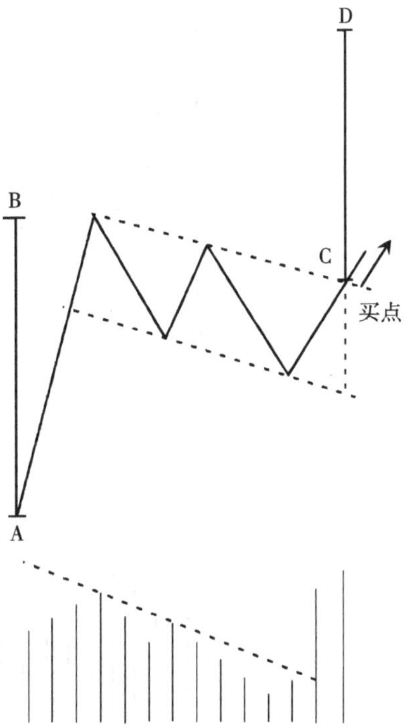

图 4–38　上升旗形突破后上涨目标位（AB=CD）

下降旗形与上升旗形正好相反，股价急速下跌一段时间后，市场进入了盘整格局，这时会形成一个波幅狭窄并且略为上倾的价格密集区，好像一面倒挂的旗面。将旗面的高点和低点连接起来，好像一个上升通道，两条平行线类似一个平行四边形，这就是下降旗形。

通常情况下，下降旗形往往出现在下降趋势中。从波浪理论来看，通常出现于 B 浪的反弹中。遇到上升旗形，投资者进行买入操作；相反，遇到下降旗形，实施的是卖出操作，最佳卖出位置是在股价跌破旗形的支撑线和回抽确认之时。因此，一旦股价向下跌破，应该及时卖出。

股价向下跌破下降旗形后下跌的幅度，与前一次大幅下跌的旗杆直线距离相同，如图 4–39 所示。

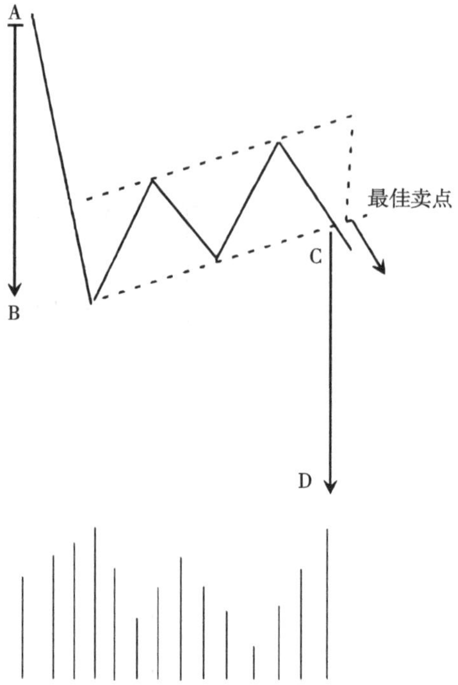

图 4-39 下降旗形跌破后下跌目标位（AB=CD）

第九节 利用平行线判断楔形目标位

楔形与旗形类似，都是急速拉升或快速下跌中的整理形态。无论旗形还是楔形，绝不代表行情已经结束，而是告诉投资者市场正在休息。

楔形与旗形的最大区别是，楔形上下两条线必须明显地交叉于一点。楔形两条线之间的空间不能太宽松，一般来说，楔形需要两个星期的时间来完成。

下降楔形一般出现在上升趋势中，其形状是由左上方向右下方倾斜，就好像挂在旗杆尾端的三角旗一般。而且其前端快速上升的过程中，成交量也是逐渐放大的，一直放大到一定程度才做短暂的调整。

楔形本身形态内的成交量虽然也是由左向右递减的，但是，它比旗形的成交量萎缩得更快速，而且成交量更小，波动的幅度也非常小。

楔形和旗形的相同点是都不宜整理超过四周以上，如果过了三周仍未有效突破，就应该怀疑这个形态了。楔形有效突破后的涨幅大约和前次快速上升的幅度相同，如图 4–40 所示。

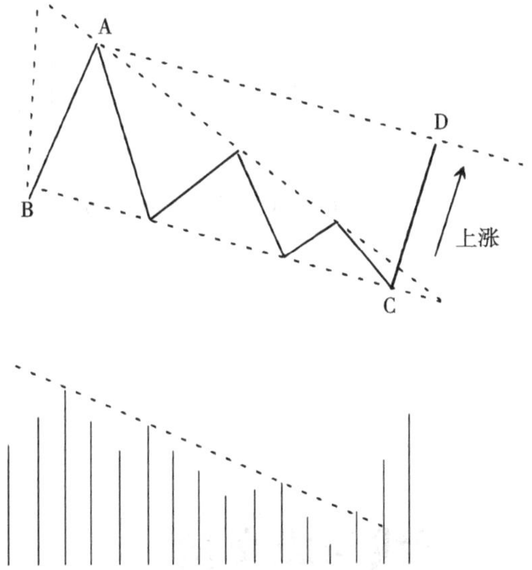

图 4–40　股价突破下降楔形后上涨目标位（AB=CD）

虽然大多数情况下在上升楔形中看跌，在下降楔形中看涨，但是也不能一概而论，楔形也具有反转的预示功能，特别是上涨或下跌行情末期。

上升楔形由左下方向右上方倾斜。就好像挂在旗杆尾端的小三角旗一样。上升楔形最佳卖点为跌破下边线和跌破之后反抽接近于反压线之时，上升楔形跌破后的跌幅与前次快速下跌的幅度相同，如图 4–41 所示。

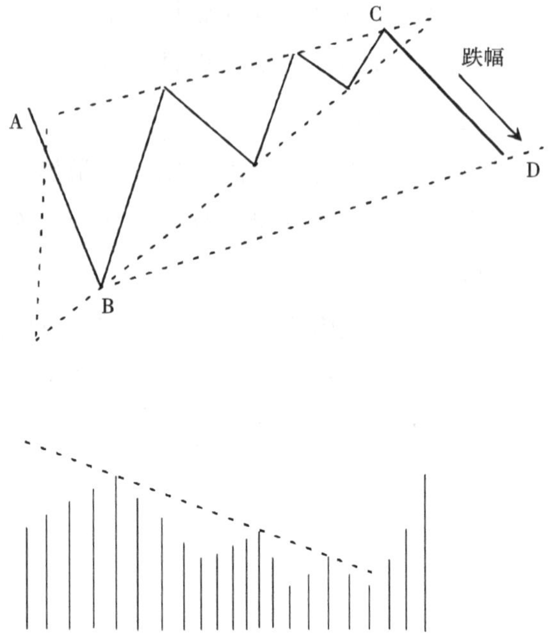

图 4-41 股价跌破上升楔形后下跌目标位（AB=CD）

第十节 平行线与成交量

当股价在上升平行线中运行时，如果股价上涨时适度放量，股价回调时缩量，则说明上升通道运行良好。如果成交量迅速放大，无论股价是上涨还是下跌，都不是好现象，都意味着上升通道的运行轨迹将要发生变化。

股价上涨时成交量过大，有可能突破通道线；股价下跌时成交量过大，有可能形成破位走势。从中线来看，在一个完整的上升通道中，成交量的变化应该是放量、相对缩量、再放量。在拉升初期，由于筹码已高度集中，成交量不会太大。在拉升过程中，成交量会不断放大。在拉升末期，主力资金退出，成交量急剧放大。

股价在上升通道中运行到一定高度后，如果投资者发现成交量迅速放大，应及时卖出。

第五章　X线的画法与操作技巧

在技术分析领域有一种直线，它非常简单，在盘面上确定两个转折点就可以画出。股价上涨时，碰到这条直线肯定下跌；股价下跌时，碰到这条直线肯定上涨，时间不会超过第二天。投资者看到股价碰到这条线时，在当天或第二天就可以采取行动，获得最大的投资收益。这种直线就是X线。

第一节　X 线的定义

股票市场有上升趋势也有下降趋势，有上升三角形、上升楔形、上升趋势线，也有下降三角形、下降楔形、下降趋势线。除了成交量不太一样外，上升或下降的概念都可以倒过来。

X 线分为上升 X 线和下降 X 线。由一个顶点，至少间隔一个底和顶，和右下方的一个底部以直线相连，这条直线叫作下降 X 线。

下降 X 线是一条直线。几何中说两点确定一条直线，要画出下降 X 线，首先需要确定两个点：一个是顶点，一个是底部。顶点和底部在 K 线图中指波峰和波谷，是连接各种线的基本点。

要先确认顶点和底部，才能画出下降 X 线，用直线相连后延长一倍，如图 5-1 所示。

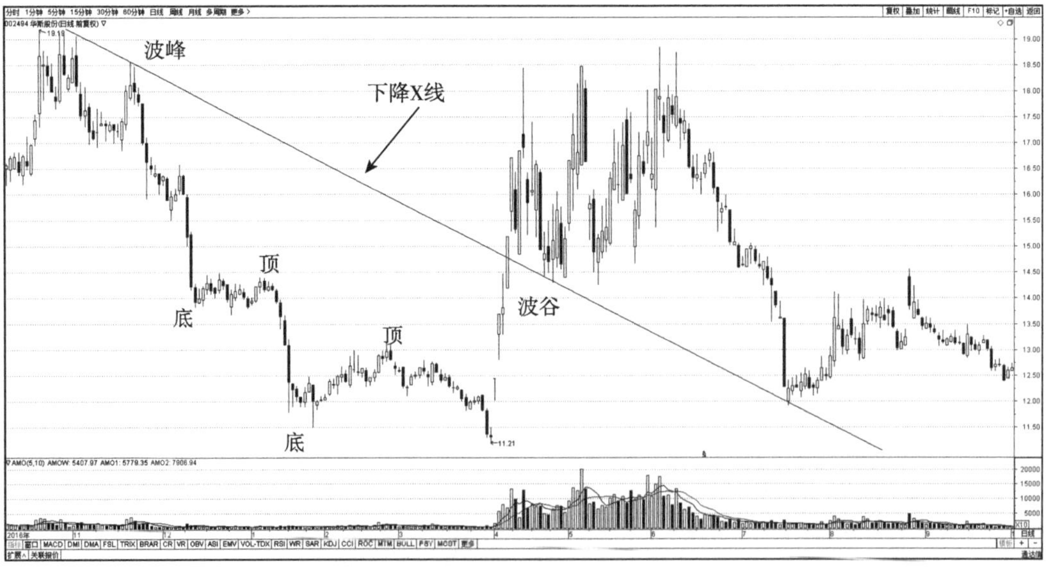

图 5-1　华斯股份（002494）下降 X 线

翻山越谷下降 X 线指一个顶点跳过数个底部和顶点，和右下方另一个底部以直线相连接，并延长一倍。但是，交叉点要单纯，否则无效，如图 5-2 所示。

图 5-2　TCL 集团（000100）翻山越谷下降 X 线

股价下一次下跌如果碰到下降 X 线，会在当天或第二天上涨，因此，股价碰到下降 X 线时是最佳买入时机。

由一个底部至少间隔一个顶和底，和右上方的一个顶点以直线相连，这一条直线叫作上升 X 线。

股价下一次上涨，如果碰到上升 X 线，会在当天或第二天下跌，因此，股价碰到上升 X 线时是最佳卖出点。

上升 X 线是一条直线。几何中说两点确定一条直线，要画出上升 X 线，首先需要确定两个点：一个是底部，一个是顶点。底部和顶点在 K 线图中指波谷与波峰，是连接各种线的基本点。

一个底部跳过一个顶点和底部，和右上方的另一个顶点以直线相连后延长一倍，即为上升 X 线，如图 5-3 所示。（“海南椰岛”现为“*ST 椰岛”）

图 5-3 海南椰岛（600238）上升 X 线

翻山越谷上升 X 线指一个底部跳过数个顶点和底部，和右上方的另一个顶点以直线相连接。画翻山越谷上升 X 线时，交叉点要单纯，否则无效，如图 5-4 所示。

图 5-4　云投生态（002200）翻山越谷上升 X 线

第二节　X 线的画法

画 X 线选择的点，不同于其他画线方法的点。X 线是从一个高点去连接一个低点，或者从一个低点去连接一个高点，这是 X 线最特殊的地方，如图 5-5 和图 5-6 所示。（“西藏旅游”现为“*ST 藏旅”）

图 5-5　西藏旅游（600749）高点连低点，下降 X 线

图 5-6　万年青（000789）低点连高点，上升 X 线

为了让 X 线产生力矩的效果，除了要把两点连接起来之外，还要找一个支点，意思是让 X 线穿越股价。这就好比跷跷板或者剪刀，它们之所以能够产生力矩的作用，最主要的原因是它们之间有一个支点。X 线的这个支点就是股价走势与 X 线之间的交叉点，如图 5-7 所示。

图 5-7 海螺水泥（600585）X 线中的支点

在画 X 线之前，必须明确目前要找的是股价的支撑线还是压力线，因为两者的画法是完全不同的，其名称也是不同的。X 线有以下四种画法，如图 5-8 所示。

由一个波谷与右上方的一个波峰相连接，中间至少间隔一个波峰和一个波谷，就形成了一条由左下方向右上方倾斜的直线，这条直线就叫上升 X 线，它对股价有压力作用，如图 5-9 所示。

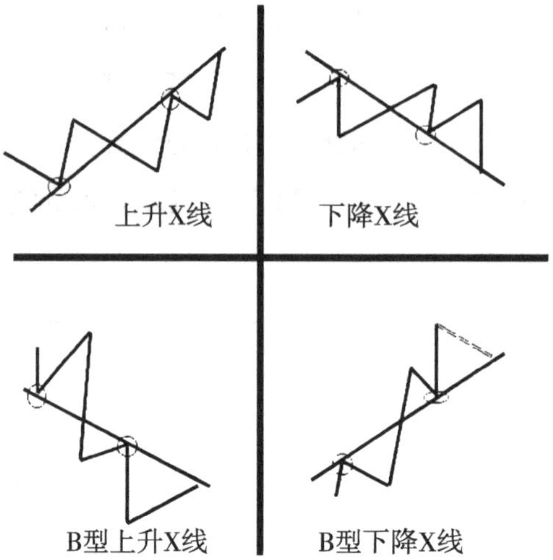

图 5-8　X 线的四种画法

图 5-9　广东榕泰（600589）上升 X 线的画法

由一个波谷与右下方的一个波峰相连接，中间至少间隔一个波峰和一个波谷，就形成了一条由左上方向右下方倾斜的直线，这条直线就叫 B 型上升 X 线，它对股价有压力作用，如图 5-10 所示。

图 5-10　新世界（600628）B 型上升 X 线的画法

由一个波峰与右下方的一个波谷相连接，中间至少间隔一个波谷和波峰，就形成了一条由左上方向右下方倾斜的直线，这条直线就叫下降 X 线，它对股价有支撑作用，如图 5-11 所示。

由一个波峰与右上方的一个波谷相连接，中间至少间隔一个波谷和波峰，就形成了一条由左下方向右上方倾斜的直线，这条直线就叫 B 型下降 X 线，它对股价有支撑作用，如图 5-12 所示。

图 5-11 长源电力（000966）下降 X 线的画法

图 5-12 轴研科技（002046）B 型下降 X 线的画法

第三节　X 线的原理

X 线的原理就是物理学中的力矩原理，也可以用剪刀力学来作最有力的解释。现在，暂且将 X 线的原理称为剪刀原理。

剪刀和跷跷板都是杠杆工具，在力矩原理中，剪刀最主要的三个点如下：

（1）剪刀的施力点 A（剪刀的把手）。

（2）剪刀的支撑点 B（剪刀的螺钉固定处）。

（3）剪刀的受力点 C（剪刀的刀口）。

根据剪刀三点间的距离，将 AB 线段当作刀柄，把 BC 线段当作刀刃，可以把剪刀分成三种类型。

第一种类型：刀柄长度等于刀刃长度的剪刀。这种剪刀是我们最常用的剪刀。当你画出的 X 线中 AB 长度等于 BC 长度时，其作用非常可靠，具有很强的操作指导意义，如图 5–13 所示。

第二种类型：刀柄长度小于刀刃长度的剪刀。这样的剪刀大家都知道力道稍小，用起来很费力，但剪刀所剪的面积最大。园丁修剪草木时所用的剪刀就是这种类型，他们两手紧握刀柄，可以将大面积的花草齐头剪平，剪起来非常快。当你画出的 X 线 AB 长度小于 BC 长度时，其作用依然可靠，只是不如第一种类型好，如图 5–14 所示。

图 5-13　深圳能源（000027）AB 长度等于 BC 长度的 X 线

图 5-14　熊猫金控（600599）AB 长度小于 BC 长度的 X 线

第三种类型：刀柄长度大于刀刃长度的剪刀。这样的剪刀往往用来剪断硬物，是工匠剪较硬的铁丝或铁皮时经常用的剪刀。当你画出的 X 线 AB 长度大于 BC 长度时，其作用不是很可靠，操作胜算概率不大，如图 5-15 所示。

图 5-15 南纺股份（600250）AB 长度大于 BC 长度的 X 线

以上三种类型的 X 线，对时间都有限制，一般都要超过两周的时间。也就是说，不管 AB 线段或者 BC 线段，其长度都必须超过两个星期，否则，画出的 X 线效果不佳。之所以有时间限制，主要是为了提高选点的可靠性，如果时间太短，力矩作用就不明显了。

第四节 X 线的基本法则

一、交叉要单纯

前面讲过，X 线好比跷跷板，跷跷板转轴只能有一个，如果转轴太多，跷跷板就转不动了。X 线与 K 线交叉的地方一定要单纯，横跨的 K 线最好只有一根或两根，如果超过两根，其效果会大打折扣。如果股价上下穿越 X 线几次，这样的 X 线根本就不能使用。

刚学 X 线的人常常以一个底或顶与远方的另一个顶或底相连，中间与 K 线交叉好多次，这样的画法是错误的，一定要避免，如图 5-16 和图 5-17 所示。

二、转折点要明确

投资者在画 X 线时，转折点越明显越好。

不明显的转折点不要使用。盘面可以放大或缩小，通过放大或缩小盘面，转折点的原始模样就有可能改变。盘面放大时，原来不明显的转折点可能就变得明显了，投资者就能发现在选转折点时出现错误。盘面缩小时，原来明显的转折点可能就变得不明显了，投资者反而找不到转折点，画不出 X 线，扰乱操作计划。

三、两周法则

X 线的 AB 段或 BC 段都要受到时间的限制，一般都要超过两周。

图 5-16　南京医药（600713）X 线交叉不单纯

图 5-17　钱江生化（600796）X 线交叉不单纯

两周指的是 AB 段或 BC 段的时间至少要两周，日线图上是 12 根日 K 线，周线图上是 12 根周 K 线，月线图上是 12 根月 K 线。

为什么规定是 12 根 K 线呢？目的就是保证转折点明显。一个转折点如果前后不超过 3 根 K 线，就不是一个明显的转折点，不是明显的转折点是不能使用的。一个转折点是 6 根 K 线，两个转折点就是 12 根 K 线。以前 6 天刚好是一个交易周，现在改为每周交易 5 天，但仍然使用两周即 12 天原则。

第五节　X 线的作用

X 线在多头市场与空头市场里的作用不同，在同一波段发展的初期、中期和末期也是不同的。

上升 X 线的作用，是寻找股价回升或反弹时面临的压力位；下降 X 线的作用，是寻找股价回跌或回探时的支撑位。

运用 X 线买卖股票时，应该注意以下几点。

（1）在上升趋势中，当股价碰到上升 X 线后，会在当天或第二天回跌，通常回跌的幅度能达到 5% ~ 10%，如图 5–18 所示。

（2）在下降趋势中，股价碰到上升 X 线时，通常都是股价反弹的极限，如图 5–19 所示。

（3）在上升趋势中，如果股价在回跌时碰到下降 X 线，碰到的当天或第二天，股价会立即回升，并且回升的幅度相当可观，如图 5–20 所示。

（4）在下降趋势中，如果股价碰到下降 X 线，会在当天或第二天出现反弹，而且反弹的幅度也会比其前面反弹幅度大。因为是下降趋势，股价反弹后通常还会下跌，投资者要把握好反弹时机，趁股价反弹时积极卖出，如图 5–21 所示。

图 5-18　许继电气（000400）股价碰到上升 X 线会下跌

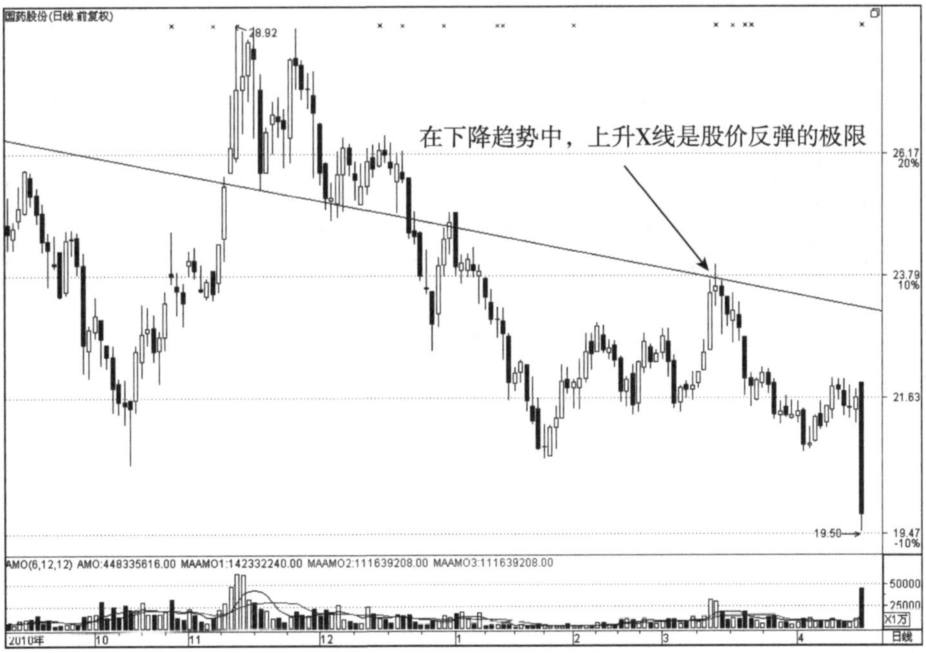

图 5-19　国药股份（600511）X 线是股价反弹的极限

图 5-20 深赛格（000058）股价碰到下降 X 线立即回升

图 5-21 农产品（000061）在下降趋势中，股价碰到 X 线会反弹

第六节　运用 X 线应注意的问题

一、X 线的共振

投资者在运用 X 线时要注意，当几条 X 线由盘面左方同时向右方聚集延伸，并且相交于某一点，这一点就是最强支撑或压力点，威力非常大。

正常情况下，股价必须等到触及 X 线时，才会出现压力或支撑的力道。但是，如果几条 X 线同时交叉于一点，该点所在的价位区便是一个强有力的支撑或压力区，股价可能还没有触及该点时便产生了作用，或股价超过该点数日后，该点的作用仍然存在。

由于 X 线的共振区经常发生在行情末期，也就是五波上涨或下跌的最后阶段，所以这时要看成交量的变化。一般情况下，在上升趋势的末期成交量会大增，这种现象也说明市场的浮动筹码很多，此时成交量越大，行情回跌的幅度将会越大。另外，在行情的末期，股价通常会加速运行，因此，在下跌趋势的第五波，如果出现恐慌性的暴跌时，股价可能会跌破下降 X 线的支撑，不过接下来的上升幅度将会更大。

二、画 X 线应选择半对数坐标

投资者画 X 线时，最好不要使用普通坐标，而应该采用半对数坐标或对数坐标。使用半对数坐标或对数坐标时，只要其涨跌幅度一样，其 K 线的垂直长度也会一样，不会因为个股价位不同出现异常拉长或压扁的图形。

三、X 线的多重效应

盘面上画出的 X 线，不论代表支撑还是代表压力，由于这些线都是向右方无限延伸的，因此，X 线的作用在其延伸的位置仍然会起作用，这就是 X 线的多重效应。

例如，画好一条上升 X 线，股价第一次触及它时会顺利回跌。隔一段时间后，股价再度回升，第二次碰到该线时，仍然会受到压力下跌。如果股价多次碰到该线都顺利回跌，那么有可能就是趋势的反转，如图 5-22 所示。

同理，下降 X 线也是如此。

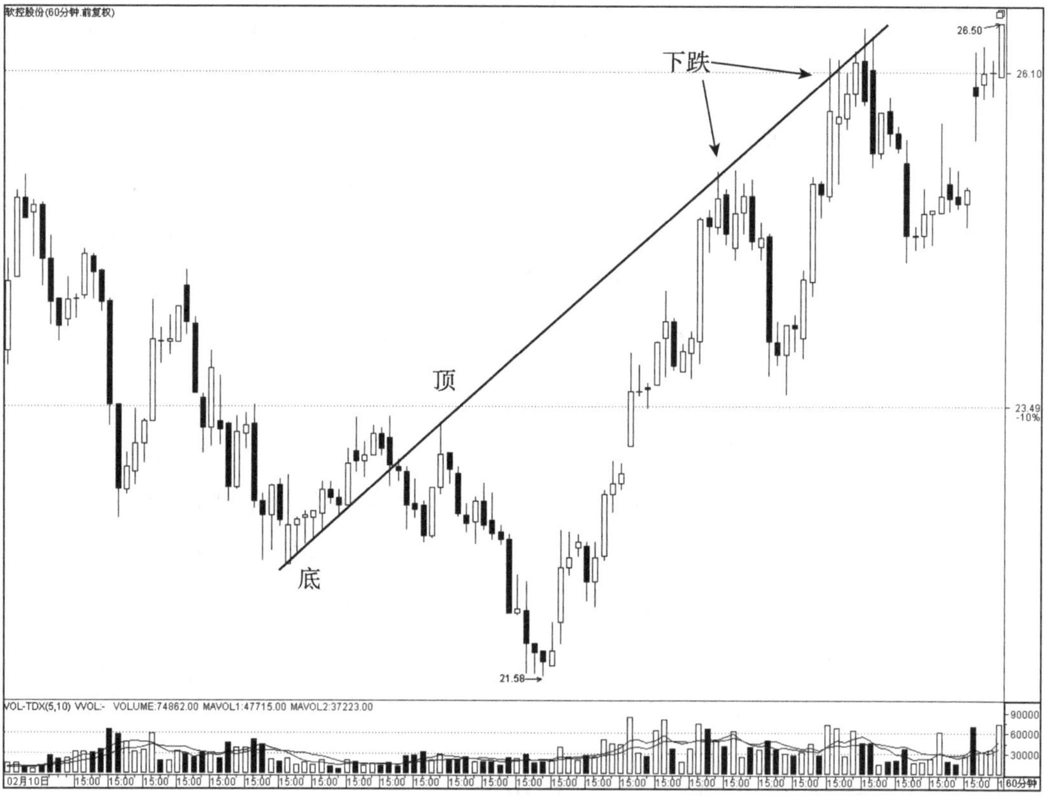

图 5-22　软控股份（002073）X 线的多重效应

四、X 线不具有预测涨跌幅的作用

X 线画出之后，股价将来会不会一定触及该线，实战中没有办法预测，尤其是一条非常陡峭的 X 线，它可能永远都不会被触及。只有当股价真正触及 X 线时，才能说股价会上涨还是下跌。

X 线不具有预测涨跌幅的作用，当股价碰到 X 线时，没有办法预测股价上涨或下跌的幅度是多少。很多时候，股价的涨跌幅度都是按形态去预测。

五、X 线有时也会失效

在极强或极弱的市场行情中，X 线也会出现失效的情形。比如，在强劲的上升行情中，K 线组合都是大阳线，当这些大阳线碰到上升 X 线遇到压力时，只是出现小幅度的回探，这种情况通常暗示股价还会继续上涨。如果连续的大阳或大阴碰到 X 线产生共振时，还要遵守 X 线的操作法则，X 线的共振威力不容小视。

第六章　均量线和量能切线的画法与操作技巧

“价涨量增”“量行价先”这些经典的量价法则，在股市中已经传播了上百年，成为每个投资者的必修课，这足以说明投资者对成交量的重视程度，以及成交量在技术分析中占有的重要地位。成交量是研判行情的重要依据之一。

成交量是散户与主力买进或卖出股票的筹码，是金钱流动的轨迹，是股价涨跌的动力，是趋势演化的源泉，是整个盘面的精神所在。它直接反映出散户的买卖意愿和机构主力的进出情况，也能反映出市场的供求关系变化，同时也间接地折射出了机构的操盘思路和战略战术，是投资者争取的焦点。总之，在成交量的转换过程中，暗含了一切能够推动股票价格波动的根本原因。

了解成交量形成的原因，也就了解了股价波动背后的含义。掌握了成交量与价格之间的关系，也就掌握了股价未来发展的趋势。

第一节　成交量是股价涨跌的核心

一、成交量与趋势的关系

关于技术分析，在投资者中间流传着一句话：新手看价，老手看量，高手看势。意思是说，刚入市的新手，天天观察的是价格的涨跌，不注意分析价格涨跌的原因；市场中的老手天天观察成交量，因为他们认为股价的涨跌完全是资金的进场和退出造成的；市场中真正的高手除了看价和量，更重要的是看趋势，因为价和量都与趋势有关。

看成交量不仅看成交量的大小，最主要的是在哪个位置放量。如果是高位放量，可能是获利盘出逃，接下来股价会下跌。如果是低位放量，可能是资金进场，预示着股价将要上涨。

二、对成交量形态的认识

市场是多空双方综合力量的比拼。由于普通投资者对技术分析往往一知半解，市场主力就会对K线和各种技术指标做假，引诱普通投资者进场操作。成交量不同于K线和技术指标，不太容易做假，是比较客观的分析工具。

（1）成交。成交是双方向的，一卖一买才会成交，缺一不可。成交必然是一部分人看空后市从而卖出股票，另一部分人看多后市从而买入股票，双方意见不一致，又各取所需，才会成交。

（2）缩量。缩量是指交易很清淡，投资者对后市走势分歧很小，意见基本一致，导致成交量萎缩。光有人买没有人卖，或光有人卖没有人买，都会造成急剧缩量。缩量一般发生在趋势中期，投资者对后市走势看法一致。如果下跌趋势中缩量，应坚决卖出，等量缩到一定程度，开始放量上攻时再买入。同样，如果上涨趋势中缩量，就应坚决买进，等股价上涨乏力，放出巨量时再卖出，如图 6–1 和图 6–2 所示。

图 6–1　北方国际（000065）下降趋势中缩量

（3）放量。趋势将要发生反转时，市场各方力量对后市走势的分歧逐渐加大，一部分人坚决看空后市，另一部分人坚决看多后市，看空的人纷纷卖出股票，看多的人则大量吸纳，这时成交量就会放大，如图 6–3 和图 6–4 所示。

图 6-2　ST 昌九（600228）上升趋势中缩量

图 6-3　丽江旅游（002033）低位放量

图 6-4　光正集团（002524）高位放量

（4）堆量。堆量指的是像土堆似的量。低位堆量，往往产生大行情；高位堆量，意味着主力在大举出货，如图 6-5 和图 6-6 所示。

图 6-5　神雾节能（000820）低位堆量

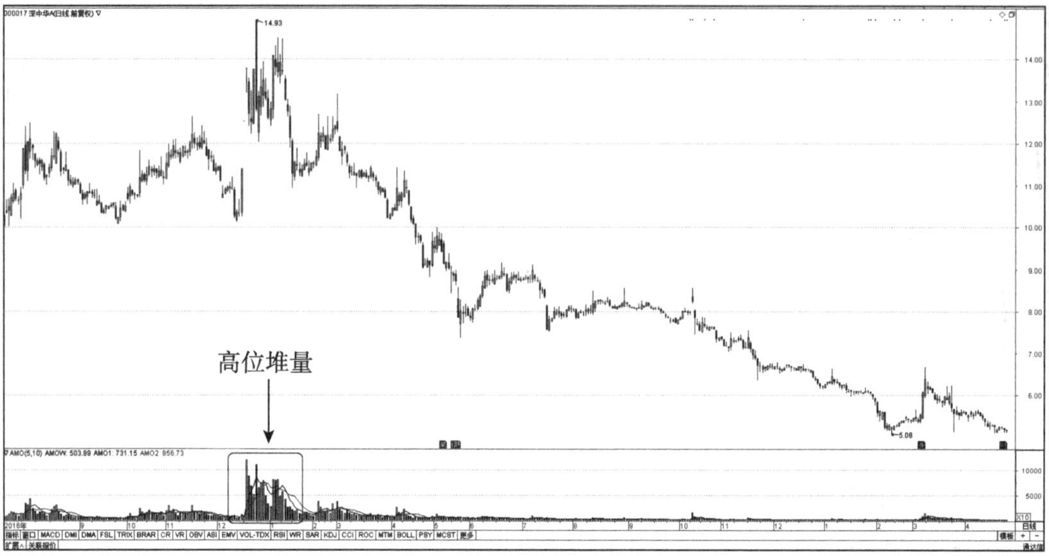

图 6-6　深中华 A（000017）高位堆量

（5）量能不规则地放大或缩小。这种情况一般出现在高位，主力发出大成交量吸引市场关注，以便顺利出货，如图 6-7 所示。

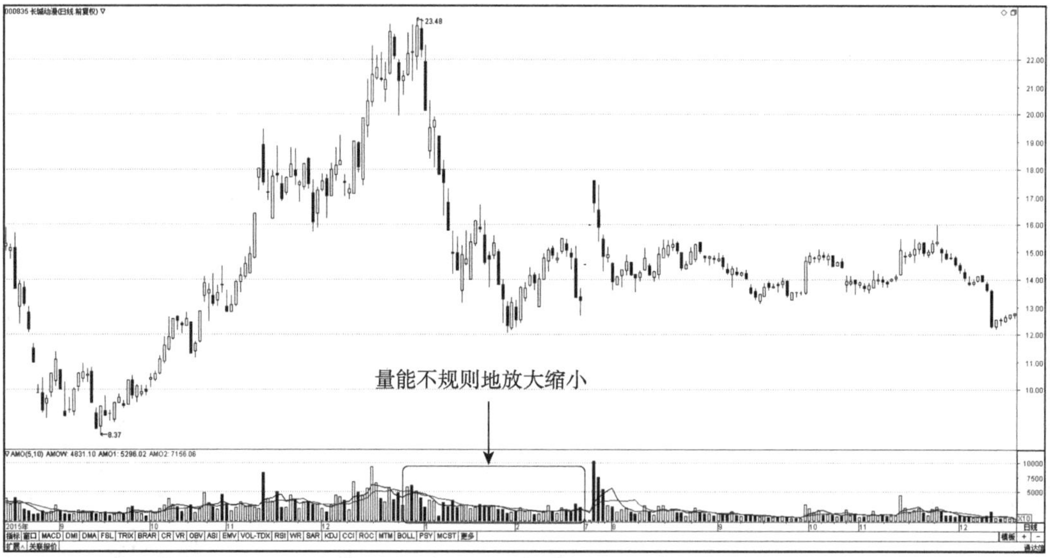

图 6-7　长城动漫（000835）量能不规则地放大缩小

三、量价关系

在正常运行的市场行情中，一般情况下是价涨量增，价跌量缩。在某一段行情中，如果成交量一直保持锐减，则说明趋势正在弱化。尤其是在成交量非常小的情况下股价创新高或新低，预示着趋势有可能反转。

股价在区间波动，如果创新高或新低没有成交量的配合，预示着行情没有真正突破当前的运行区间，此时投资者应保持谨慎，不要急于入场，如图 6-8 和图 6-9 所示。

图 6-8　新南洋（600661）股价创新高成交量没创新高

成交量大小反映的是该只股票对市场的吸引程度。多头看好市场，他们就会投入资金买进，空头看空后市，他们就会卖出股票，撤出资金。多头与空头只是人数的变化，大多数人看好时，股价就会上涨；大多数人看空时，股价就会下跌。

大多数投资者对成交量都有一个错误的看法，认为成交量越大，价格就越能上涨，其实不然，最关键的还是看在高位还是在低位放量。成交量放大只是说明这只股票有吸引力，后市的价格波动幅度可能会加大。

图 6-9　美好置业（000667）股价创新低成交量没创新低

成交密集区对股价有很大的压力或支撑作用，意味着趋势将在这里停顿或反转。当股价走出成交密集区，说明多空双方的分歧暂时得到了统一，如果股价向上走，后市看好；如果股价向下走，后市看跌。

股价上涨，必须要有量能的配合，如果是价升量增，则表示上涨动能充足，后市看好；反之，如果缩量上涨，则视为无量空涨，量价配合不理想，预示行情难以持续上行，如图 6-10 所示。

缩量阴跌表示行情处于弱势，极小的成交量就能使股价下跌，阴跌之后必然有放量大跌，这对于多头是极为不利的。反之，缩量上涨表示市场处于强势，较小的成交量就能推动股价上扬，之后必然会放量大涨。大盘如此，个股更是如此，如图 6-11 和图 6-12 所示。

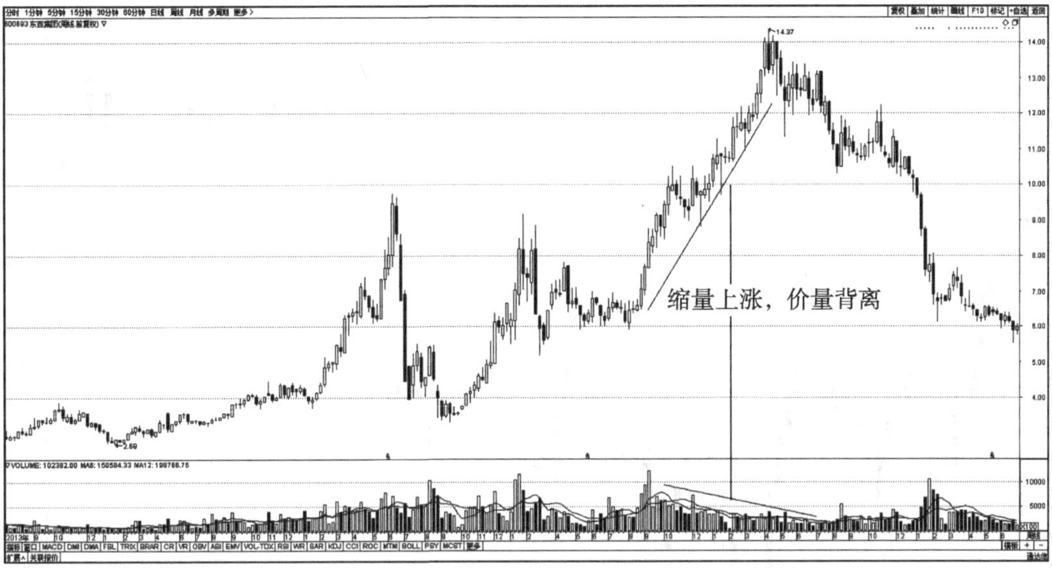

图 6-10　东百集团（600693）缩量上涨，行情难以持续上行

图 6-11　中国重汽（000951）阴跌之后放量快跌

图 6-12 熊猫金控（600599）缩量上涨之后放量大涨

第二节 成交量与转折点

有的投资者认为成交量是行情走势的灵魂，有的投资者认为成交量在技术分析领域是辅助性的，不能直接作为决策依据。其实，这两种看法都有些片面，技术分析要结合价、量、时、空，综合来看。

必须明确一点，成交量具有先天的滞后性，不要相信“量在价先”的传言。成交量是价格的“衍生物”，市场资金是对价格的追捧——多空双方的买进和卖出造成了价格的波动，而不是对成交量的追捧，成交量在验证一些拐点的有效性时具有一定的功效。

在一个底部拐点出现的时候，这个拐点的基准日成交量会萎缩，通常会出现地量。通过对十几年来一些股票底部转折点的研究，笔者发现这种情况屡屡出现，其概率在90%以上，如图6-13至图6-17所示。

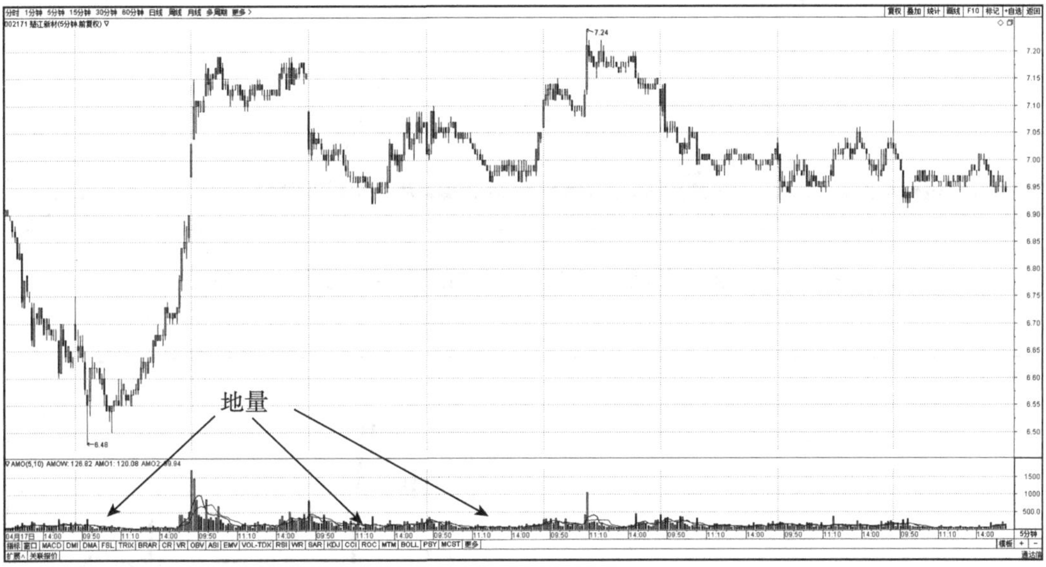

图6-13　楚江新材（002171）5分钟走势图拐点出现地量行情

图6-14　合力泰（002217）60分钟走势图拐点出现地量行情

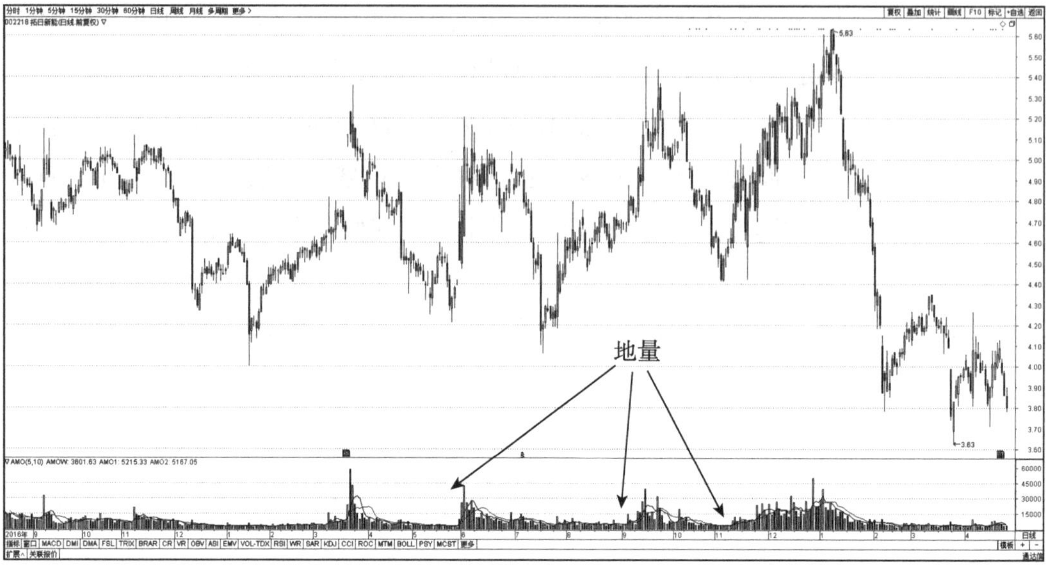

图 6-15　拓日新能（002218）日线图拐点出现地量行情

图 6-16　恒康医疗（002219）周线图拐点出现地量行情

这种情况说明，当底部转折点出现的时候，市场人气是极度低迷的，市场中大多数投资者都看空后市，这种悲观情绪肆意蔓延，人们都拒绝交易。但是市场一旦出现好转，投资者的眼球就会立刻被吸引过来。有些人还没反应过来，只是会吃惊，会关注，会等等看。经验丰富的投资者会立刻介入，职业操盘手则会全仓出动，这样价格便会持续上升，直到观望的人介入，全仓者退出，留在盘面上的则是放大的成交量和远离转折点的价格。

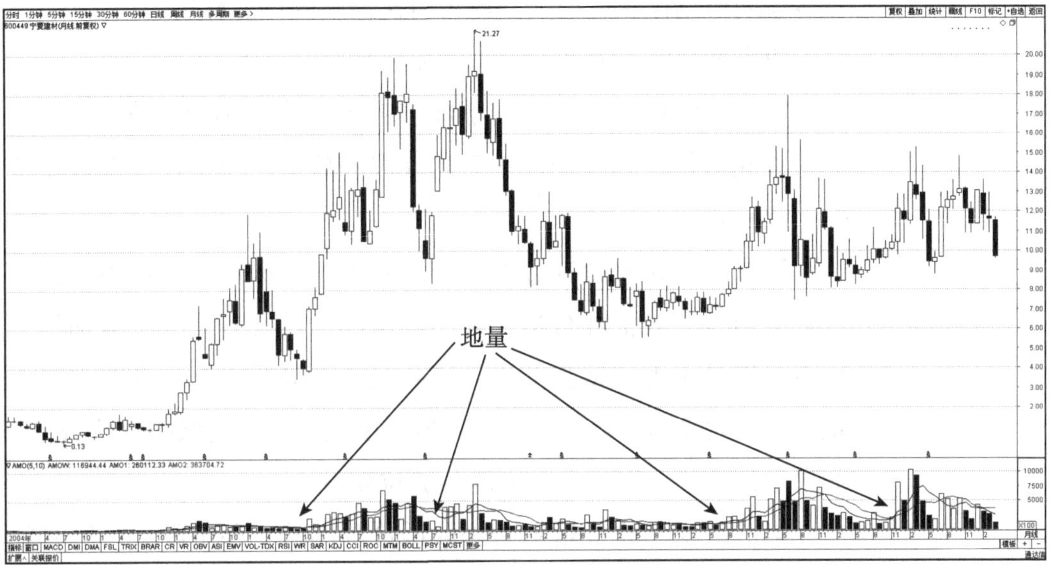

图 6-17 宁夏建材（600449）月线图拐点出现地量行情

第三节 成交量放大

股市中有句老话：K 线是千变万化的，成交量才是实打实的。可以说，成交量的大小表明了市场上多空双方对某一时刻技术形态最终的认同程度。

市场主要有两种放量形态。

（1）温和放量。指某只股票的成交量在前期持续低迷态势，后期慢慢出现一个类似“土堆形”的连续放量形态，这种放量形态称作“堆量”。个股底部出现“堆量”现象，说明有资金在介入。

随后股价会随量上涨，量缩时股价会适当调整，投资者可以在调整时分批逢低买入。买入后需要注意的是，其后股价调整幅度不宜低于放量前期的低点，股价调整如果低于主力建仓的成本区，至少说明市场抛压还很大，后市再次调整的可能性较大。

投资者理解“温和放量”时要注意以下三点。

第一，股价的位置不同，温和放量有着完全不同的技术含义。其中在相对低位和长期地量后出现温和放量，才是投资者最期待的，预示着后市看好。

第二，温和放量有可能是长线主力的试探性吸筹行为，其后也许会出现一波上涨行情，但一般情况下还会有一次洗盘动作。也有可能是主力的试盘动作，其后股价走势会根据大盘的方向而定。如果大盘向下运行，主力可能反手做空，以更低的价位吸筹；如果大盘强势上涨，主力可能顺势拉高股价。

第三，温和放量是主力获取低价筹码的一种手段，一般时间不会太长，否则不容易控制股价，也会引起市场注意。

（2）突放巨量。有些个股在上涨或下跌途中会突放巨量，对突放巨量的研判，应该分几种不同的情况。一般来说，股价经过长时间的上涨，突放巨量通常表明多方力量使用殆尽，后市继续上涨缺乏动力，面临下跌。如果股价经过长时间的下跌，突放巨量意味着空方力量最后一次集中释放，之后股价深跌的可能性很小，反弹或反转即将展开。还有一种情况是逆势放量，在大家都看空后市时股价却放量上攻，十分醒目。这类个股往往是一日游的行情，随后股价会加速下跌，使许多在放量上攻那天买入的投资者被套牢。

第四节 千金买入“黄金坑”

投资者在实际操作中很难区别主力在洗盘还是出货，卖早了可能放跑一匹黑马，卖晚了又可能后悔莫及。恰恰是因为这样，才有了种种看盘技巧。市场主力想尽各种办法，目的就是骗散户。不过，如果你精通技术分析，就可以识破主力的骗局。当主力故意制造成交清淡的“黄金坑”时，你可以反其道而为之，在大家都抛售时反手买入。

“黄金坑”又叫“散兵坑”，是指在筑底成功时，成交量往往会形成一个低洼的坑，此时市场交易清淡，投资者情绪低迷，随后成交量有序地放大。在股价小幅震荡上涨的初期或中期，成交量有所放大，换手率也小幅增加，股价突然快速下跌，但这种下跌不会维持很长时间，通常是一到两天或一周左右，股价便又重拾升势，再一次上涨到跳水前原有的上升趋势中，成交量在图形上形成低洼形状的一个坑。这种坑十分难得，好多有经验的股民把它叫作“黄金坑”。俗话说，“千金难买‘黄金坑’”，就是说“黄金坑”是最好的买入时机。

在上升趋势中出现“黄金坑”，其实是主力凶狠的一种洗盘方式，此招一出，能把好多浮动筹码都洗出来。

出现“黄金坑”后，有两个买点：一是股价在“黄金坑”内，还没有重返上升趋势，这时买入有一定的危险性；二是走出“黄金坑”，股价已重返上升趋势时，这时虽然价格不是最低的，但是最有效的。股价重返上升趋势使得空头陷阱被确认，“不吃鱼头，不吃鱼尾，只吃鱼身”，看到趋势重新确立再买入，既可以降低操作风险，又可以吃到行情中最肥美的一段，这是顺势操作的真谛。

各周期出现的“黄金坑”如图 6-18 至图 6-25 所示。

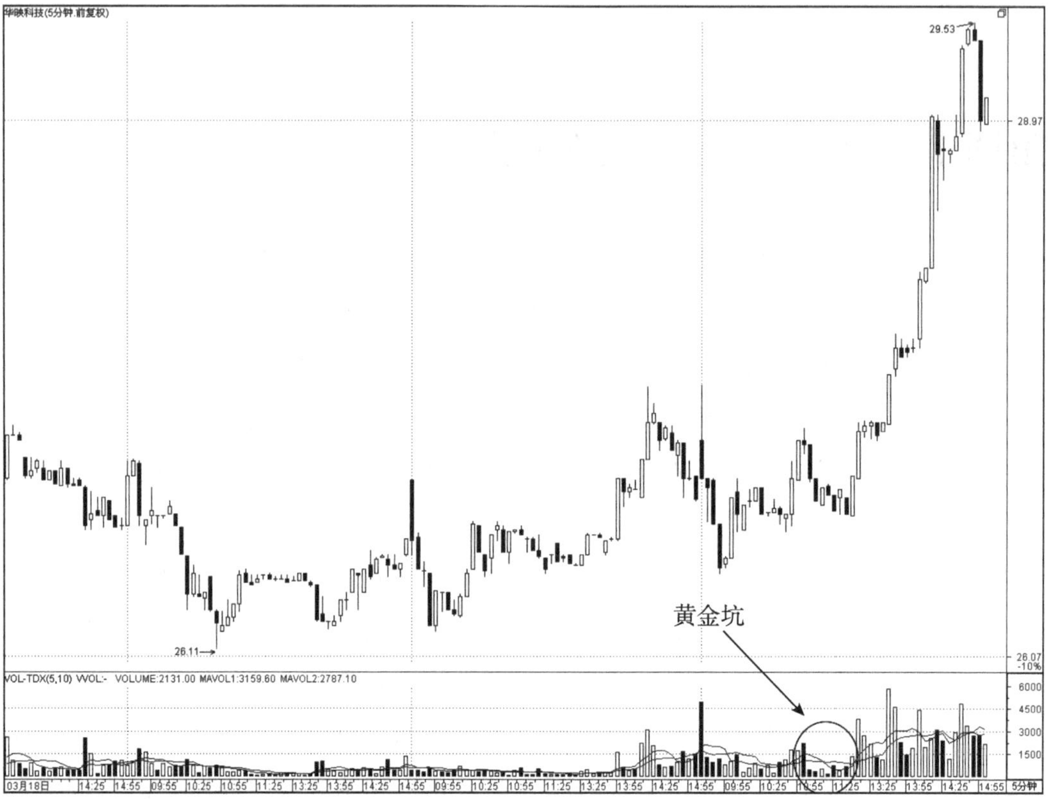

图 6-18　华映科技（000536）5 分钟走势图出现的“黄金坑”

操作“黄金坑”时，实战中要注意以下几点。

（1）出现“黄金坑”时，行情要处于慢牛趋势初期或中期，最好已有 10% 以上的涨幅，这说明上升趋势已初步确立，顺势操作胜算概率较大。

（2）股价突然出现缩量下跌，下跌的幅度不能太大，最好别超过绝对涨幅的 40%，最好在 0.382 黄金分割位附近。如果下跌幅度过大，股价向上的爆发力就会减弱。

（3）形成“黄金坑”持续的时间不能太长，最好在 1 周内完成。如果时间过长，“黄金坑”的爆发力往往会减弱。

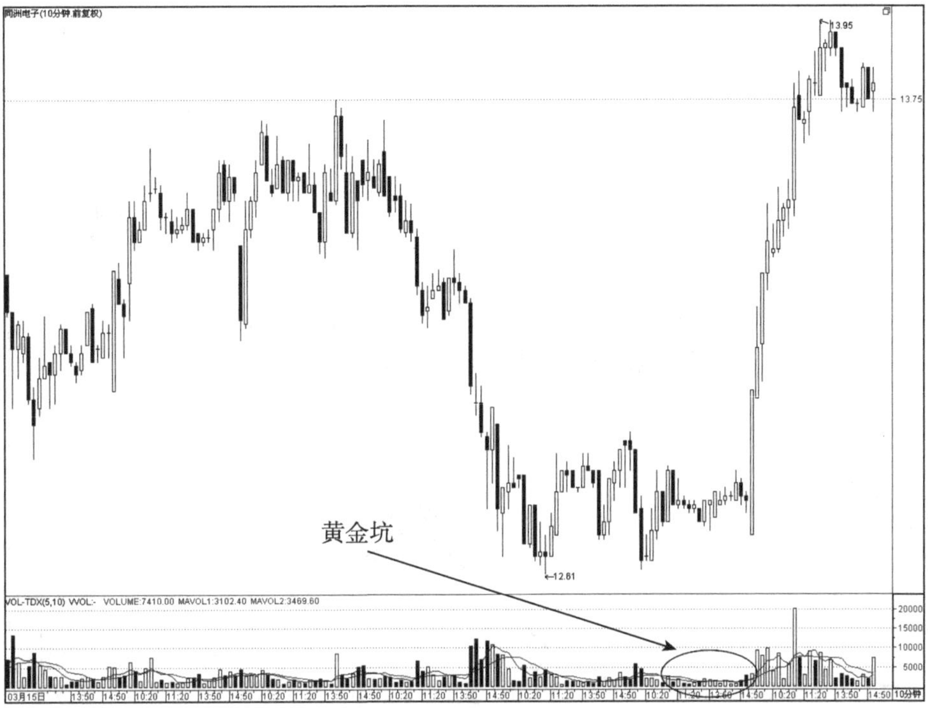

图 6-19　同洲电子（002052）10 分钟走势图出现的“黄金坑”

图 6-20　广宇发展（000537）15 分钟走势图出现的“黄金坑”

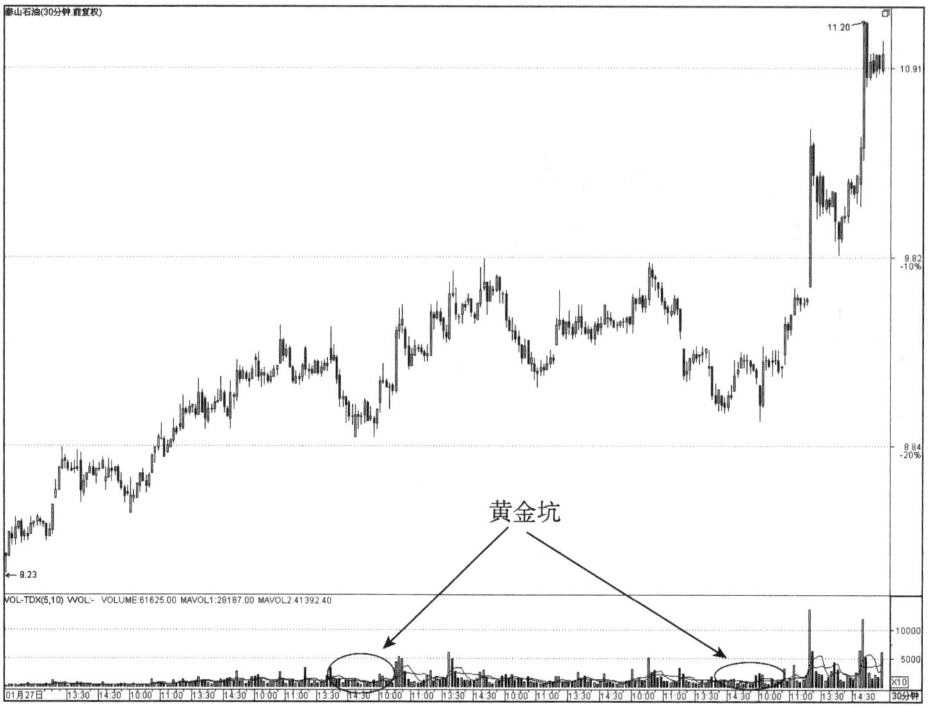

图 6-21 泰山石油（000554）30 分钟走势图出现的“黄金坑”

图 6-22 东睦股份（600114）60 分钟走势图出现的“黄金坑”

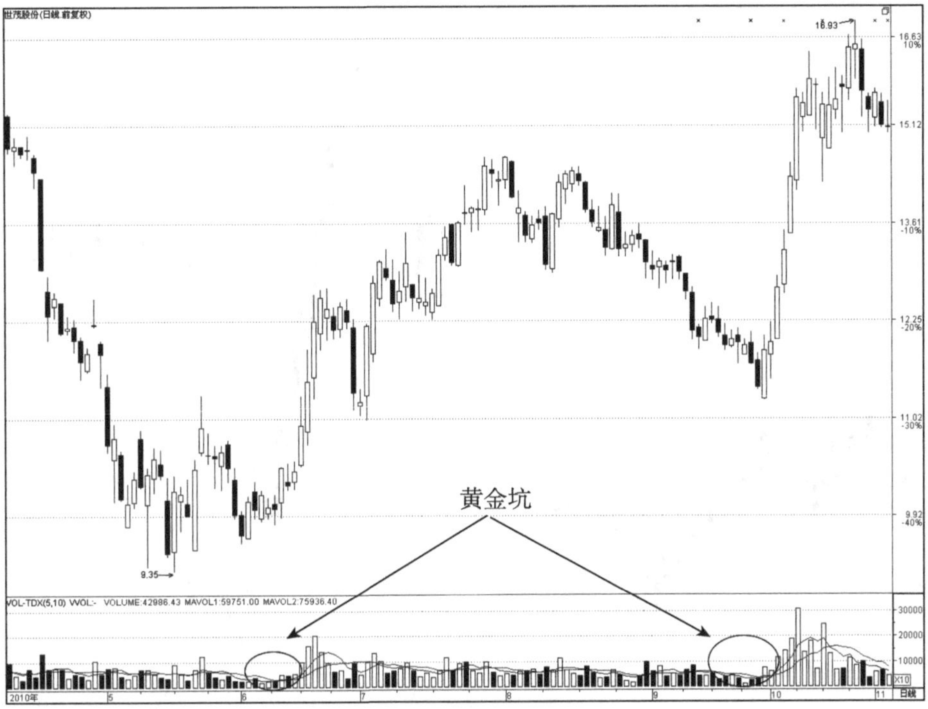

图 6-23　世茂股份（600823）日线图出现的“黄金坑”

图 6-24　梦舟股份（600255）周线图出现的“黄金坑”

图 6-25 银鸽投资（600069）月线图出现的“黄金坑”

（4）在股价止跌回升的时候，成交量应该有所放大，回升速度越快，往往预示着爆发力越强。

（5）当股价重返上升趋势之际，就是最好的介入时机。

第五节 利用成交量寻找大牛股

大牛股的特征是，涨时大幅放量，跌时急剧缩量，这是主力在建仓阶段成交量变化的规律。很多情况下，尽管主力吸筹动作非常隐蔽，成交量变化的规律并不明显，但也不是无迹可寻。投资者寻找大牛股的一个重要手段就是观察成交量均线。如果成交量随着股价的涨跌在均量线附近放大或缩小，股价上涨时成交量超出均线较多，股价下跌时成交量低于均线较多，这只股就应该密切关注，因为这是主力吸筹的一种经典动作。

投资者需要注意的是，从成交量的变化寻找大牛股时，必须结合股价的变化进行分析。因为一些大户的短线进出，也会导致成交量出现忽大忽小的波动，关键是要把大户这种随机买卖造成的成交量波动，与主力有意吸纳造成的成交量波动区分开来。

大家知道，大户买入时的随机性波动不存在刻意打压股价的问题，成交量放出时股价容易出现跳跃式上涨，主力吸筹必然要打压股价，因此，随机性波动中，股价和成交量的上升有一定的连续性，而主力吸筹没有连续性。根据这一原理，可以在观察成交量变化时注意股价涨跌的情况。

利用成交密集区也能找到大牛股，成交密集区对于判断主力的建仓成本发挥着重要作用。除了刚上市不久的新股，大部分股票都有一个成交密集区，这个区域对股价有强有力的支撑作用或压力作用。如果股价从底部突破该区域，需要消耗大量的能量，这个区域也是主力重要的建仓区域。

对于那些刚刚突破历史上重要的套牢区，并且在下方区域内累积较大成交量、创出历史新高的个股，要特别关注。股价创出了历史新高，解放了前期所有的套牢盘，表明新介入的主力实力很强，其建仓成本亦较高，如果后市没有较大上升空间的话，主力是不会轻易为场内资金解套的。

如果底部累积的成交量并不大，股价就轻松创出了新高，投资者则需要提高警惕，这有可能是主力拉高出货，吸引散户接盘。

需要指出的是，主力建好仓后，某一区域的成交量越密集，主力的建仓成本就越靠近这一区域。因为无论是主力真实买入还是对倒，都需要耗费成本，密集成交区也就成为主力最重要的成本区。密集成交区累积的成交量和换手率越高，主力的筹码积累就越充分，而且往往实力也较强。此类股票一旦时机成熟，往往可以一鸣惊人，成为一只大牛股。

第六节　成交量与洗盘

好多人认为，量价关系的基本原理是“量是因，价是果；量在先，价在后”，也就是说，成交量是推动股价变化的内在动力，因此，人们多利用量价关系来指导实际操作。但在实战中，人们会发现根据量价关系进行具体的股票买卖时，常常会出现失误，尤其是根据成交量判断主力出货与洗盘方面，失误率更高，不是错把洗盘当出货过早卖出，就是误将出货当成洗盘，该出不出，结果痛失出货良机。

在实际投资中，如何根据成交量的变化正确判断主力的进出方向，或者说，如何根据成交量的变化，准确判断主力是在出货还是洗盘呢？

一般来说，当主力还没有准备拉升股价时，股价的表现往往很沉闷，成交量的变化也很小，此时研究成交量没有实际意义，也不好断定主力的意图。但是，一旦主力放量拉升股价，主力的行踪就会暴露出来，我们把这样的股票称为强势股，此时研究成交量的变化就具有非常重要的意义了。

如果投资者能够准确地捕捉到主力的洗盘迹象，并果断介入，往往能在较短的时间内获得非常理想的收益。实践证明，根据成交量变化的以下特征，可以对强庄股主力是不是在洗盘做出一个较为准确的判断。

第一，由于主力的积极介入，原本沉闷的个股走势在成交量明显放大的推动下变得活跃起来，出现了价量齐升的状态。主力为了给以后的大幅拉升扫平障碍，不得不将短线获利盘强行洗去，这一洗盘行为在K线图上表现为阴阳相间的横盘震荡。同时，由于主力的目的是要一般投资者出局，因此，股价K线形态往往呈明显的“头部形态”。

第二，在主力洗盘阶段，K线组合往往是大阴不断，并且收阴的次数多，且每次收阴时都伴有巨大的成交量，好像主力正在出逃，其实不然。仔细观察一下就会发现，当出现以上巨量大阴时，股价很少跌破10日移动平均线，短期移动平均线对股价构成强大支撑，主力低位回补的迹象一目了然，这就是技术人士所说的“巨量长阴价不跌，主力洗盘必有涨”。

第三，在主力洗盘时，作为研判成交量变化的均量线也会出现一些明显的特征。主要表现为：当出现以上大阴巨量时，股价的5日、10日均量线始终保持向上运行。这说明主力一直在增仓，股票交投活跃，后市看好。

一只股票经过一波上涨之后，如果成交量变化出现以上特征，那就说明该股主力洗盘的可能性极大，后市看好。

第七节　均量线的作用

研判主力持仓成本，才有可能了解其操盘动机，才能在扑朔迷离的走势中获得较好的投资收益。不少高手把焦点聚集在均量线上，对它的波动越来越敏感。由于主力行为是波段式操作，中小投资者不熟悉主力的操作思路，屡屡处于被动局面，做不到主动出击，这时就需借助“突破辅助信号”。

（1）均量线是一种反映交投趋势的技术性指标。将一定时期内的成交量相加后平均，在成交量的柱形图中形成较为平滑的曲线即为均量线。一般均量线的参数为 10。均量线的作用如下。

①在上涨行情初期，均量线随股价不断创新高，显示市场人气的聚集过程。行情进入尾声时，尽管股价再创新高，均量线如已疲软，表明市场追高跟进意愿发生变化；股价不断跌出新低，而均量线已经走平，甚至还有上升迹象，表明股价已经到底，要伺机买入。

②可以用 5 日均量线和 10 日均量线来辅助判断。5 日均量线持续在 10 日均量线下方，表明跌势仍将继续。5 日均量线在 10 日均量线上方上升，显示行情仍将反复上涨，如图 6–26 和图 6–27 所示。

图 6–26　平高电气（600312）5 日均量线金叉 10 日均量线，买入

图 6-27　中航光电（002179）5 日均量线死叉 10 日均量线，卖出

（2）一些强势股之所以能一涨再涨，和其主力收集筹码的成本有重要关系，这些都逃不过均量线的扫描，因为它能反映出主力持仓成本高低和持仓量大小。如其成本较高且持仓量大增，则不会轻易出局。认识到这一点，在其成本价的 1.1 倍进场，亦能适量“乘船”。如均量线和股价明显不匹配，就要时刻防备，因为主力成本较低，随时可能出货出逃。

均量线反映的是市场交投趋向，是市场的本质属性。只有掌握了均量线，才能打主动仗，才能立于不败之地。

第八节　成交量实战技巧

好多投资者认为成交量是不会骗人的，成交量的大小与股价的涨跌成正比关系。这种量价配合的观点有时是正确的，但在许多情况下是片面的，甚至完全是错误的。事实上，成交量也会骗人。成交量往往是主力设置陷阱的最佳办法，这种陷阱对那些多少了解一些量价分析但又似懂非懂的人来说，很容易上钩，许多人往往深受其害。

一、成交量的变化关键在于趋势

趋势是金，所谓的“天量天价，地量地价”，只是相对某一段时期而言的，具体情况则需要看其当时的盘面状态以及所处的位置，这样才能真正确定未来的发展趋势。

在股价走势中，量的变化有许多情况，最难判断的是界限标准。多少算放量，多少算缩量，实际上并没有一个可以遵循的规律，也没有“放之四海皆真理”的绝对数据。很多时候只是一个“势”，即放量的趋势和缩量的趋势。这种趋势的把握，来自对前期走势的整体判断以及当时的市场变化状态，还有很难说明白的市场心理变化。在用成交手数作为成交量研判的主要依据时，也可辅助使用成交金额与换手率进行研判，从而更好地把握量的“势”。

二、上升途中缩量上攻天天涨

投资者往往有这样一种认识：股价的上涨必须要有量能的配

合，如果是价涨量增，则表示上涨动能充足，预示股价将继续上涨；反之，如果缩量上涨，则视为无量空涨，量价配合不理想，预示股价不会有较大的上升空间或难以持续上行。实际情况其实不然，具体情况要具体分析。典型的现象是上涨初期需要价量配合，上涨一段后则不同了，主力控盘个股的股价，往往越是上涨成交量反而越萎缩，再次放量上涨或高位放量滞涨时，反而预示着主力要出货了。

上涨过程不放量，表明没有人卖出股票，而盘面又能保持和谐的走势，说明持有者一致看好后市走势，股价上涨过程中根本没有抛盘，大部分筹码已被主力锁定了。在没有抛压的情况下，股价的上涨并不需要成交量的支持，如图 6–28 所示。

图 6–28　中华企业（600675）上升途中缩量上攻天天涨

三、下跌途中缩量阴跌天天跌

股价在下跌过程中不放量是正常现象，一是没有人接盘，因此抛不出去，二是惜售情结较浓，没有人肯低位割肉。缩量下跌的股票，要看成交量萎缩的速率，快速缩量才好，否则可能会绵绵阴跌无止期。

实战中，往往出现无量阴跌天天跌的现象，只有在出现恐慌性抛盘之后，再次放量才会有所企稳。其实放量下跌说明抛盘大的同时接盘也大，反而是好事，尤其是在下跌的末期，显示出有人开始抢反弹。

弱市反弹主要靠市场的惜售心理支撑，止跌反弹初期往往在恐慌情绪中出现单针见底走势，因此这时需要放量。之后的上攻反而会呈现缩量反弹天天涨的现象，这时不必理会某些市场人士喋喋不休的放量论调，因为弱市反弹中一旦再度放量，就说明筹码已松动了，预示着新的一轮下跌开始，如图 6-29 所示。

图 6-29　特变电工（600089）下跌途中缩量阴跌天天跌

第九节　量能切线

股价是按趋势运行的，价量关系的走势也是有规律的，其中量能切线理论就能够预测出股价未来的走势。

预测未来的事情，需要人们掌握一些相关知识和过去发生的事情，作为观察判断的依据。在股市中，大家经常用历史数据和走势来判断股市的涨跌，所以历史数据和走势就是预测未来走势的依据。

十几年来，笔者对成交量专门进行了研究，对量能切线理论进行了丰富和完善，实战效果不错。

量能切线理论认为，在一个下降通道中，量能的大小通过压力来决定主力调整的时间长短。不管是上攻的红量柱受阻还是下跌的阴量柱，都代表了市场的压力，而这个压力是需要时间和价格来消化的。用高量和次高量画出一条切线后，就清晰地指出了有价值的买点。

当然，这个理论还不太完善，在远处不能准确地预测大盘的点位和个股的价格，只能预测时间。

任何的单一理论都无法解释整个股市情况，必须配合其他理论或技术指标才能更完善，量能切线理论也是这样。

在笔者参加的周末投资沙龙中，笔者接触到很多对量能切线理论感兴趣的投资者，但大家苦于不会画线，或者说画得不精确，以至于难以发挥该理论的作用。

为了帮助大家理解，这里把画切线的要点编成顺口溜：

高位高量是起点，支点寻找上影线。阳对阳来阴对阴，切线到底是买点。主力加仓视起点，股价调整不会远。尾随现象经常有，其他指标看全面。

“高位高量是起点”，指的是每个阶段的高价高量。“支点寻找上影线”，指的是价格和量能的次低点。“阳对阳来阴对阴”，指的是阳线和阳线画切线、阴线和阴线画切线。“切线到底是买点”，就是成交量突破切线就是很好的买点。“主力加仓视起点”，主力加仓量柱可以视为高价高量参与画线。“股价调整不会远”，意思是以后股价调整的位置离加仓线不会很远。“尾随现象经常有”，意思是有时射线到了，还要跌一下，说明主力洗盘凶猛。“其他指标看全面”，意指还要结合其他的技术指标来检验。

下面结合图表讲解，请大家提出建议和意见，以便更好地改进。

量能切线不仅可用于日线图，而且在各周期都能用。各周期的画法如图 6-30 至图 6-37 所示。

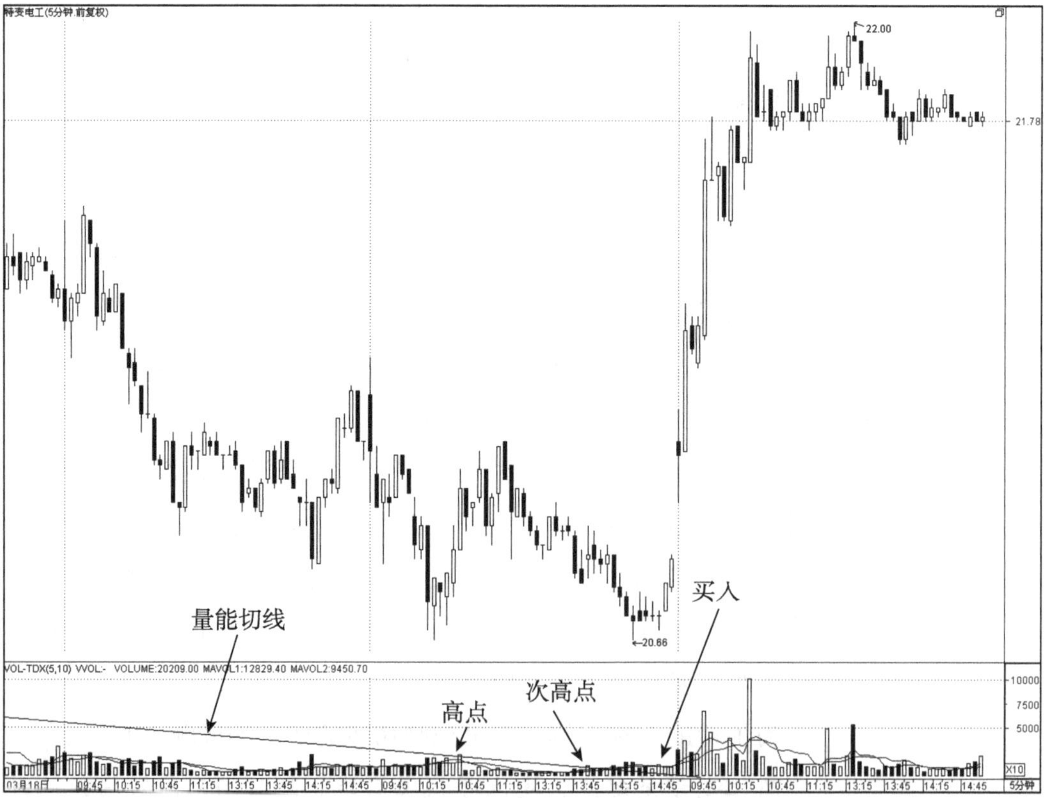

图 6-30　特变电工（600089）5 分钟走势图的量能切线画法

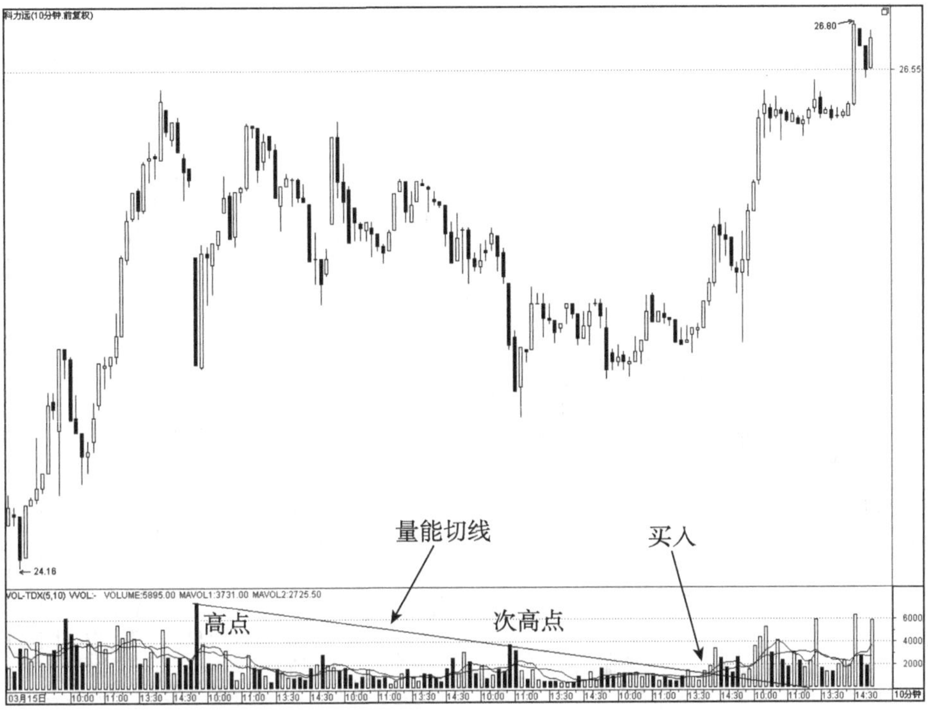

图 6-31　科力远（600478）10 分钟走势图的量能切线画法

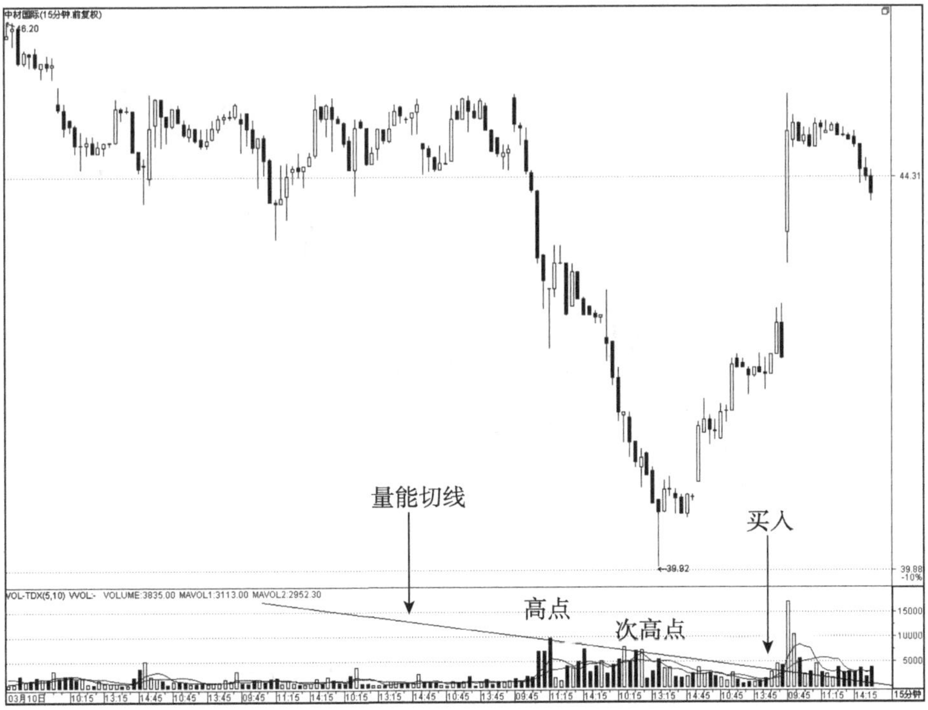

图 6-32　中材国际（600970）15 分钟走势图的量能切线画法

图 6-33　西藏城投（600773）30 分钟走势图的量能切线画法

图 6-34　新和成（002001）60 分钟走势图的量能切线画法

图 6-35　航天机电（600151）日线图的量能切线画法

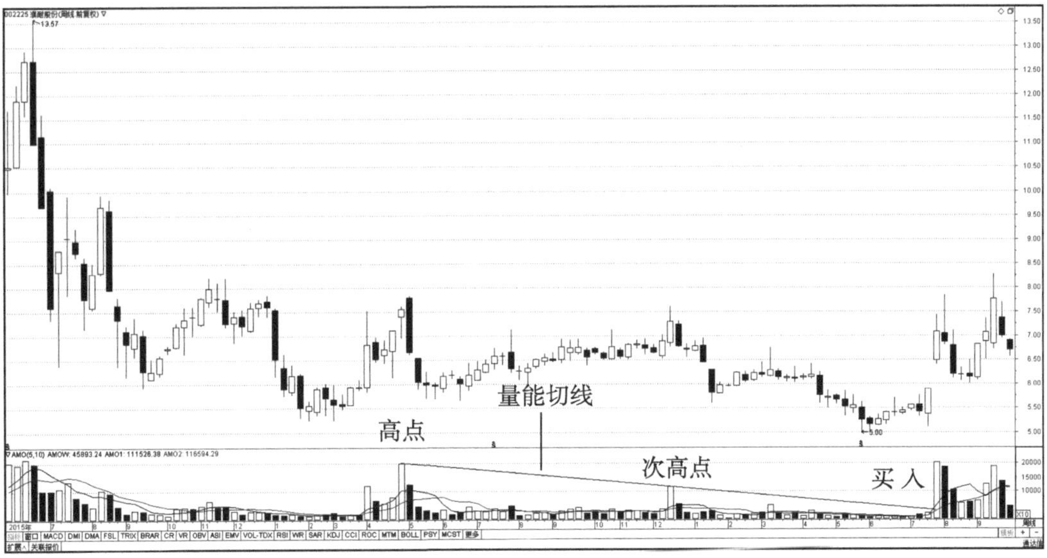

图 6-36　濮耐股份（002225）周线图的量能切线画法

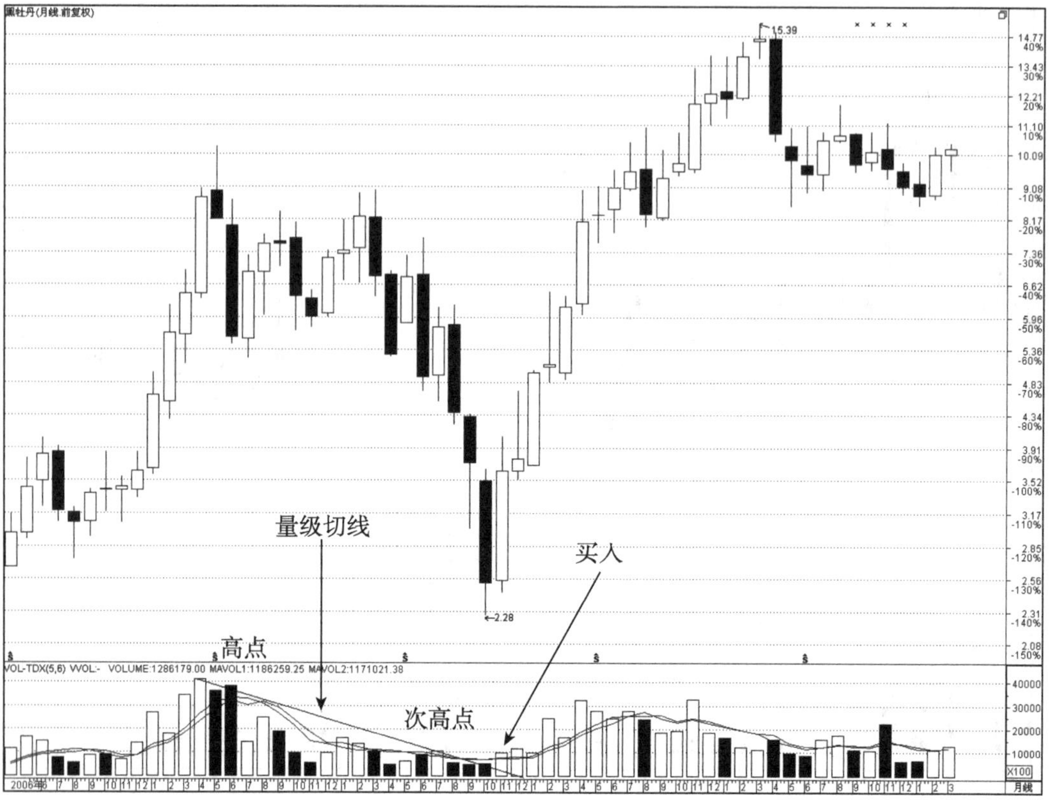

图 6-37　黑牡丹（600510）月线图的量能切线画法

第七章　其他画线技术与操作技巧

随着炒股软件的功能越来越强大，画线方法也越来越多。投资者看到盘面上许许多多的线条，纵横交错，股价的涨跌似乎与图上这些线条息息相关。事实上，每条线所代表的意义不外乎压力与支撑，目前的压力未来可能变成支撑，支撑可能变为压力。到底是支撑还是压力，主要看股价是位于线的上方还是下方。位于股价上方的线称为压力线，位于股价下方的线称为支撑线。

黄金分割线、百分比线、扇形线、速度线、周期线和角度线，能够分别从不同的方面对行情走势的时间和空间进行测量。如果投资者画的线比较精确，有时会起到非常神奇的作用。

第一节 黄金分割线

黄金分割线是一种非常神奇的线，用它来对股市行情进行预测分析，不仅能够较为准确地预测出股价上涨或下跌的幅度，还能明确地指出股价在上涨或下跌过程中的各个阻力位或支撑位，为持股待涨时高位出逃，或空仓观望时抄底，提供了有力的参考依据。

黄金分割线是大家经常使用的一种横向画线方式，它是通过股价波动幅度来预测未来股价可能上攻或者回探的一个价格区间。“事物都有两面性”，此项画线方式由于受到极度热捧，不少主力资金故意以骗线方式来钝化指标的使用性能，希望大家注意主力的这种骗线行为。

黄金分割率出现的时间较早。15 世纪，有些专业人士发现埃及金字塔之所以能屹立数千年不倒，外形优美，原因是其高度与基座每边的结构比例为 5∶8，于是有人就把这个比例叫作黄金比例。

几百年来，一些专家陆续发现，人体结构、建筑物、美术、舞台艺术，甚至很多大自然的事物，都与此比例的 0.382 和 0.618 这两个神秘数字有关。

$$5/(5+8)=0.3846$$

$$8/(5+8)=0.6154$$

由于 0.618 与 0.382 这两个数字之和正好是 1，所以，将 0.382 和 0.618 的比率称为黄金分割率。

近年来，美国的一些证券专家将黄金分割率运用在股市行情分析上，发现当股价上涨到前段跌幅的0.382倍或0.618倍附近时，都会产生较强的支撑，甚至止跌回升。股市行为是大众行为，它属于一种自然现象，但也是有规律可循的。如果在股市中能恰到好处地运用黄金分割率，就能更准确地预判股价的走势，大大提高投资者胜算的概率。

黄金分割线的画法比较简单，首先找到分析软件中画线工具里的黄金分割选项，如果股价正处于见底回升阶段，那么以股价的最低点为基点用鼠标点一下，找到这波下跌的最高点，再用鼠标点一下，就画出了黄金分割线，如图7–1所示。每条黄金分割线都会对股价的反弹形成较强的阻力。

图7–1　平安银行（000001）见底回升行情中黄金分割线的画法

如果股价正处于见顶回落阶段，以此高点为基点，用鼠标点一下，然后再找到这波上升行情中的起涨点，再用鼠标点一下，就画出了黄金分割线，如图 7-2 所示。每条黄金分割线对股价的下跌形成强有力的支撑。

图 7-2　万科 A（000002）见顶回落行情中黄金分割线的画法

实战中，投资者需要注意的是，黄金分割线中最重要的两条线是 0.382 和 0.618。在下跌趋势中，0.382 为弱势反弹位，0.618 为强势反弹位；在上升趋势中，0.382 为强势回调位，0.618 为弱势回调位。

黄金分割线不仅在日线图中运用，在其他周期中使用，也会起到非常好的支撑和压力效果。各周期画图方法如图 7-3 至图 7-9 所示。（“中航地产”现为“中航善达”，“泛海建设”现为“泛海控股”）

图 7-3　华联控股（000036）5 分钟走势图中黄金分割线的支撑和压力作用

图 7-4　中集集团（000039）10 分钟走势图中黄金分割线的支撑和压力作用

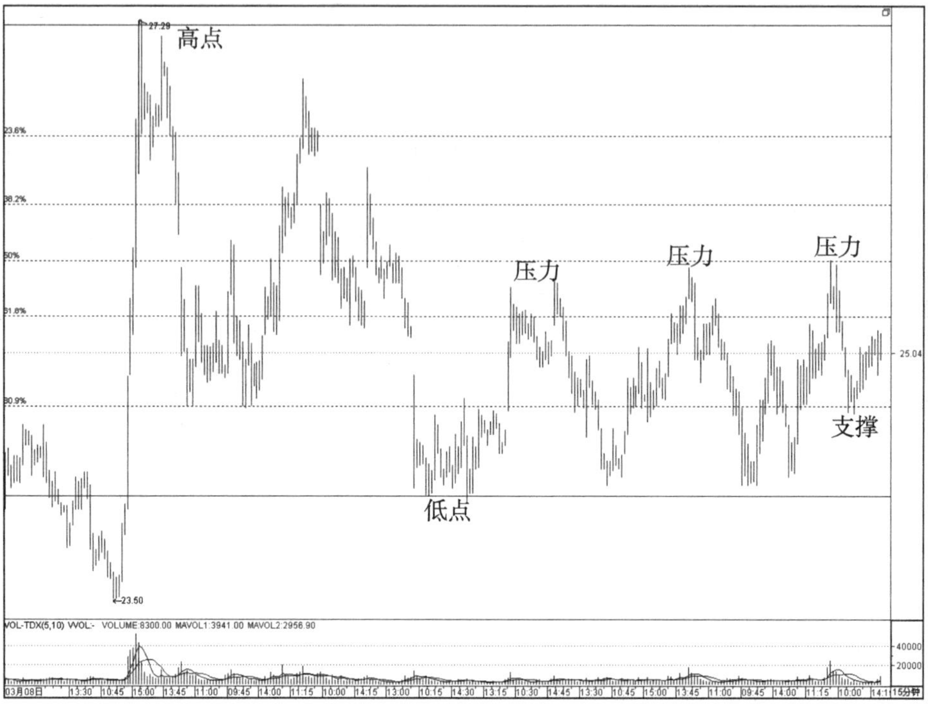

图 7-5　中洲控股（000042）15 分钟走势图中黄金分割线的支撑和压力作用

图 7-6　中航地产（000043）30 分钟走势图中黄金分割线的支撑和压力作用

图 7-7　泛海建设（000046）60 分钟走势图中黄金分割线的支撑和压力作用

图 7-8　北方国际（000065）周线走势图中黄金分割线的支撑和压力作用

图 7-9　盐田港（000088）月线走势图中黄金分割线的支撑和压力作用

黄金分割线是股市中较常见、较受投资者欢迎的画线分析工具之一，主要运用黄金分割来预测上升趋势中的调整支撑位或下跌趋势中的反弹压力位。运用黄金分割线时，如果股价在底部或顶部横盘时间较长，黄金分割线的参考意义会减弱。

第二节　百分比线

百分比线是一种很常见、操作很简单的画线分析方法，利用百分比率原理进行切线分析，主要用来预测股价的支撑位和压力位。百分比线的设计原理是根据人们的心理因素和一些整数位的分界点之间的内在联系为依据，当股价持续向一个方向运行到一定程度时，就会遇到支撑或压力，支撑位与压力位和前段时间的行情有一定的联系。

百分比线是将前次股价涨跌的幅度作为参照物，把前次高点和低点之间的空间分成 1/8、2/8、1/3、3/8、4/8、5/8、2/3、6/8、7/8、8/8 等分。如用百分比来表示，就是 12.5%、25%、33.3%、37.5%、50%、62.5%、66.6%、75%、87.5%、100%。在这些百分比数中，50% 最重要。

百分比线与江恩理论有点相似，从垂直距离分析，是对江恩理论的一种补充。百分比线与波浪理论也紧密相连，波浪理论中第 1 浪和第 3 浪高点的回调幅度，应该是第 1 浪和第 3 浪的 33.3% 附近。

百分比线与黄金分割线的分析原理相似，只是引用的比率不同，两者提示的关键点位比较接近，实战中两者可以相互替代或互补使用。

百分比线与黄金分割线都是水平的，支撑点位和压力点位相对来说比较固定。其他的切线多数是斜的，斜的支撑线和压力线会随着时间向后移动，支撑点位和压力点位也会不断变化，向上斜的切线价位会不断抬高，向下斜的切线价位会不断降低。

百分比线与黄金分割线有点相似，当股价在顶部或底部运行时间较长时，百分比线的作用也会打一定的折扣。

百分比线的画法比较简单，如果股价正处于下跌趋势中，以此前的高点为基点，用鼠标左键点击，并按住左键不放，再找到这波下跌行情中的最低点，松开鼠标左键，就生成了百分比线，如图 7–10 所示。

图 7-10　深物业 A（000011）下跌趋势中百分比线的画法

由图 7-10 中的百分比线能明确看出，股价见底反弹过程中，在反弹幅度的 25%、33.3% 和 50% 处都遇到了压力。

如果股价正处于上升趋势，以此前的低点为基点，用鼠标左键点击，并按住左键不放，再找到这波上升行情的最高点，松开鼠标左键，就生成了百分比线，如图 7-11 所示。

从图 7-11 中可以看出，股价两次跌到百分比线的 33.3% 处，都遇到了强有力的支撑，股价触线反弹。

百分比线不仅在日线图中运用效果不错，在其他周期中运用，也能起到较强的支撑和压力作用，如图 7-12 至图 7-18 所示。

值得注意的是，百分比线中，有几条线非常接近黄金分割线，非常接近的这几条线在实际应用中可以相互替代，当行情运行到这一带时，常常会遭遇阻力或获得支撑。

图 7-11　南玻 A（000012）上升趋势中百分比线的画法

图 7-12　亿晶光电（600537）5 分钟走势图中百分比线的支撑和压力作用

图 7-13　北方华创（002371）10 分钟走势图中百分比线的支撑和压力作用

图 7-14　林州重机（002535）15 分钟走势图中百分比线的支撑和压力作用

图 7-15　天马精化（002453）30 分钟走势图中百分比线的支撑和压力作用

图 7-16　丽鹏股份（002374）60 分钟走势图中百分比线的支撑和压力作用

图 7-17　常山北明（000158）周线走势图中百分比线的支撑和压力作用

图 7-18　哈投股份（600864）月线走势图中百分比线的支撑和压力作用

第三节 扇形线

在上升或下跌趋势中，如果要扭转股价运行的方向，需要有充足的时间才能实现。只有几天时间的上涨或下跌，只能视为短暂的反弹或回调，不能认为趋势已经反转。

在一段下跌趋势结束前，股价必须克服上方一个一个的压力点，直到技术分析认为的各种压力大致消除之后，才可以认为下跌趋势已经扭转为上升趋势了。同理，如果认定原来的上升趋势已经扭转为下跌趋势，也必须一步一步地跌破下方的所有支撑，才能确认趋势已经反转。扇形线能帮助投资者确认趋势的转折。

扇形线与速度线原理相同，只是无法像速度线那样事先用 1/3 和 1/2 的距离画出直线来。

在下跌趋势中，扇形线以最高点和次高点向下画出一条下降趋势线后，如果接下来股价出现反弹，突破了这条下跌原始趋势线，则以向上超越后形成的高点与下跌趋势的第一个高点，再向下画出第二条次级趋势压力线。接下来，如果次级趋势压力线又被股价突破，再次形成一个高点，则将此高点与第一个高点再次连接，画出第三条压力线。这样一条一条地画下去，就会在盘面上形成一条一条的压力线，像一面打开的扇子，这就是所谓的扇形线。一般情况下，股价突破三条扇形线，意味着趋势开始反转，如图 7–19 所示。

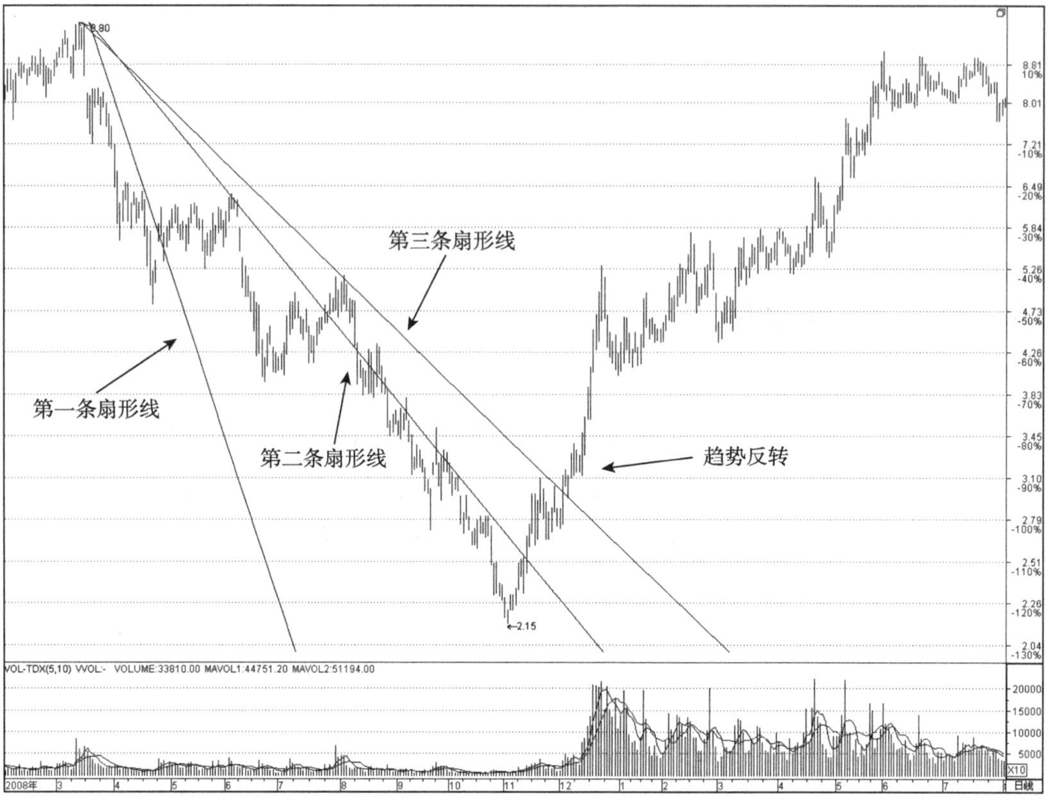

图 7-19　岭南控股（000524）股价突破三条扇形线，趋势反转向上

同理，在上升趋势中，先以两个最低点画出第一条上升趋势线。如果价格向下回探，跌破了第一次画的原始上升趋势线，则以新出现的低点与原来的第一个低点相连接，画出第二条上升趋势线。如果第二条上升趋势线又被跌破，则像前面一样，用新的低点与最初的低点相连接，画出第三条上升趋势线，依次变得平缓的三条直线如张开的扇子一般。通常情况下，股价跌破三条扇形线，意味着趋势将反转向下，如图 7-20 所示。

股价将要扭转趋势之前，会一条线一条线地突破，而且每克服一条线，股价通常又会回到该条线上停留休息，然后再慢慢克服另一条线。除非行情是暴起暴落的情形，否则，这个原则是不会改变的。也就是说，在较温和的市场中，以时间换取空间是相当重要的。

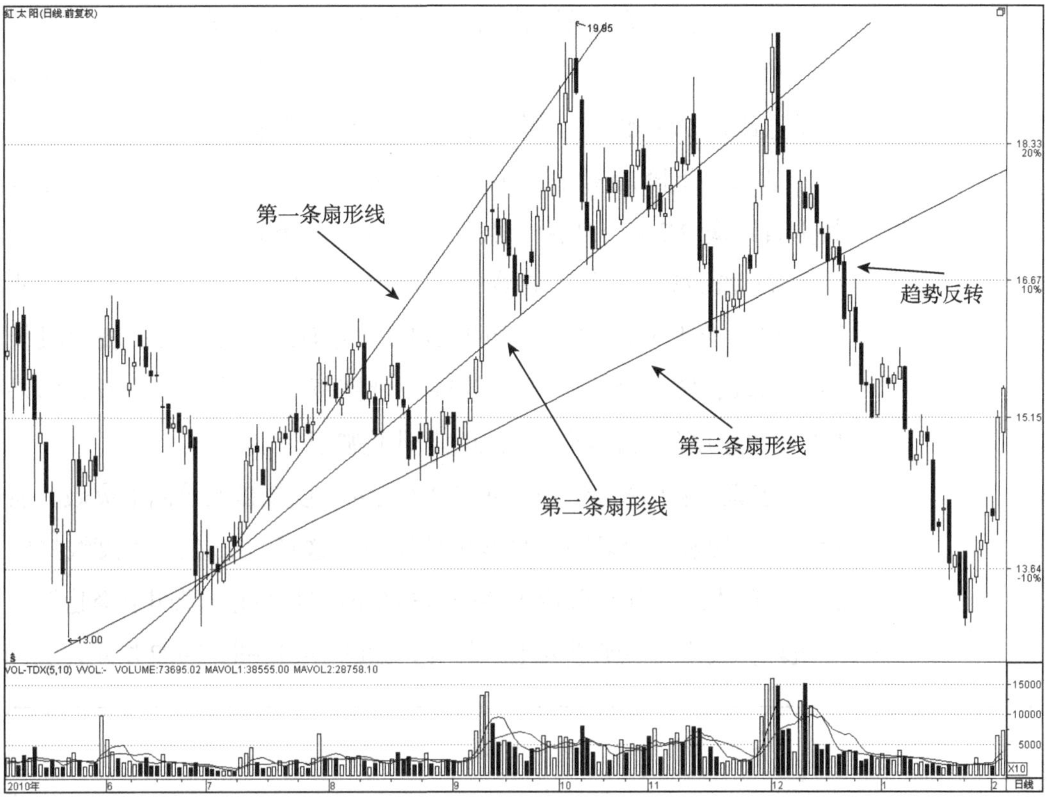

图 7-20　红太阳（000525）股价跌破三条扇形线，趋势反转向下

第四节　速度线

速度线也叫速度阻挡线或速阻线，是一种将趋势线和百分比线融为一体的切线分析方法。当股价上升或下跌的第一波形态完成后，利用第一波上升或下跌的幅度可以预测后市发展的几条速度线，作为股价支撑或阻力的位置。速度线的作用是预测趋势的速度。

速度线是根据二分法原理或 1/3 或 2/3 原理创作出来的，其画法如下。

第一，将上升或下跌幅度的垂直距离分成三等分。

第二，上升趋势中，由开始上升的低点作为基点，向上连接其垂直距离 2/3 和 1/3 两个点，向上画出两条斜线。

第三，下降趋势中，由开始下跌的高点作为基点，向下连接其垂直距离 2/3 和 1/3 两个点，向下画出两条斜线。

1/3 和 2/3 速度线，在盘面上可用来衡量股价上升或下跌的速度。在一个上升趋势中，如果 2/3 处的速度线被跌破，表示股价冲力已减，需要休息一下，等待力量恢复后再做新的冲击。如果 1/3 处的速度线支撑不住，说明上升趋势已反转。

同理，在下降趋势中，如果 2/3 处的速度线被股价向上突破，表示跌势已缓和，接着将出现技术性反弹。这时，1/3 处的速度线将构成新的压力线。如果股价再突破 1/3 的下降速度线，说明下降趋势已经扭转，股市将逐渐进入上升趋势，如图 7–21 和图 7–22 所示。

图 7–21　华金资本（000532）上升趋势中的速度线

图 7-22　万家乐（000533）下降趋势中的速度线

速度线一旦被突破，其原来的支撑和压力作用将相互转化，原来的支撑线被跌破后就会成为压力线，原来的压力线被突破后就会变成支撑线，这也符合支撑和压力转换的一般规律。

第五节　周期线

周期线是通过时间周期分析市场的，要想把握市场运行节奏，必须先了解周期理论。

事物的发展过程是循序渐进的，任何事物都会经历从小到大或从大到小的过程，这种循环发展规律在股票市场也存在。循环周期理论认为，无论什么样的股票，都不会永远向一个方向运动下去，价格波动的过程中必然产生局部的高点和低点，这些高点、低点的出现有一定的时间规律。周期线为我们预测后市的高点或低点提供了有力的帮助。

循环周期理论的重点是时间因素，而且注重长线投资。

周期分析是技术分析的重要方法之一，但传统的周期分析基本上是一种固定周期分析法，即将各个高点或低点间的时间加起来，得出一个平均数，再把它作为周期分析的依据。如果出现较大出入，就称为周期偏移。

实际上，无论是低点与低点间，还是高点与高点间，出现绝对等长周期的情况并不多，周期偏移是股价运动的普遍现象。当投资者结构发生重大变化时，原来的周期节奏就会被打乱并产生新的周期。

运用周期线时应该注意，当股价波动至周期线附近时，如果正处于上升趋势，应注意股价可能形成高点；如果正处于下降趋势，股价有可能形成低点。

周期线一般设置在一轮大的上升或下跌行情中，如果行情发生根本变化，那么股市的周期规律也会出现相应的变化。

在一轮行情中，周期线常常能发挥神奇的作用。在一些重大转折的位置出现周期线，一般提示投资者可以做买入或卖出操作。

画周期线时，先确定一轮行情的最高点或最低点。以第一个高点或低点为起点，以第二个高点或低点为终点画线。根据股价运行的实际情况确定股价运行的周期，如图 7–23 至图 7–25 所示。（“大江股份”现为“绿庭投资”）

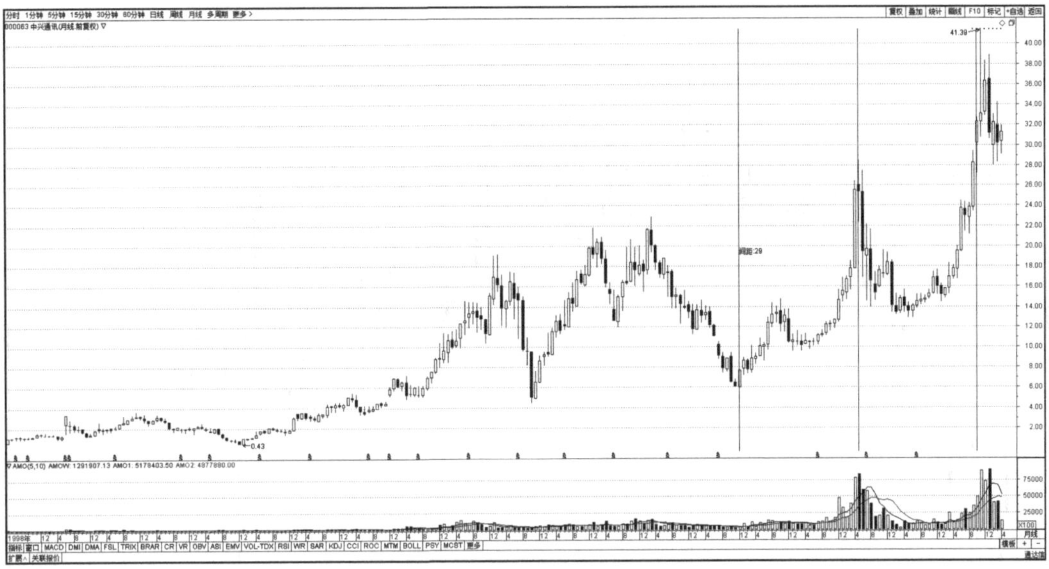

图 7-23　中兴通讯（000063）上升趋势中的周期线

图 7-24　北方国际（000065）下降趋势中的周期线

图 7-25　大江股份（600695）横盘趋势中的周期线

第六节　角度线

角度线是利用明显的顶和底，以一个特殊的角度对顶或底做切线形成的趋势线。这些角度由时间和价格二者的关系来决定，所有角度中，45° 最重要。在上升趋势中，由左方的低价向右上方画线，在下跌趋势中，则由左方的高点向右下方画切线。

45° 线在角度线理论中代表主要涨跌趋势线，在强劲的上升趋势中，股价通常都在趋势线上方。如果股价在趋势线下方，甚至跌破 45° 线，则表示趋势将要反转。由以上分析可以看出，45° 线似乎是时间与价格的平衡线，在上升趋势中，若价格跌到 45° 线，时间和价格相等时，可以说股价与时间处于平衡状态。一旦价格跌破 45° 线，说明价格与时间的均衡关系已发生动摇，趋势有可能改变了。

角度线分为上升角度线和下跌角度线两种。上升角度线用在波段涨幅已完成，股价逐渐以空头趋势下滑的行情；下跌角度线则用在波段跌幅已完成，股价逐渐以多头趋势上扬的行情。

角度线共有 9 条：

· 82.5° 线（1×8 线）

· 75° 线（1×4 线）

· 71.25° 线（1×3 线）

· 63.25° 线（1×2 线）

· 45° 线（1×1 线）

· 26.25° 线（2×1 线）

· 18.75° 线（3×1 线）

· 15° 线（4×1 线）

· 7.5° 线（8×1 线）

在一些重要的顶和底当中，45° 线常能切过或穿过这些重要位置，1×3 和 3×1 角度线是两条特殊的线，应用在周线或月线图上分析更有效。

角度线常以同样的方式用在速度线和扇形线中，在上涨趋势中，这些线将是支撑线，在下跌趋势中，这些线就变成了压力线。股价跌破了一条支撑线，则更低的价位将落到下一条更低的支撑线上；同理，假如股价上穿了一条压力线，那么可以预测将有另一条更高的压力线在上面。

假如将角度线和反弹回挡的百分比线一起使用，技术分析会更有效。

画角度线时，常以明显的高点或低点为准，最具代表性的是 45° 线，如图 7–26 和图 7–27 所示。

图 7-26　得润电子（002055）上升角度线

图 7-27　金枫酒业（600616）下跌角度线

第八章　指标中的切线与操作技巧

大家熟知的切线大部分都是在K线图或成交量图上画。根据笔者的实战经验及身边一些操作高手的反映，在技术指标中画线，往往更容易找到行情的拐点，操作起来能达到事半功倍的效果。

本书不仅是详细讲解画线理论与画线方法的图书，也是市面上少见的讲解在技术指标中画线及操作的图书。本书理论与实战紧密结合，画线方法来源于道氏理论、波浪理论、江恩理论，又能用这些经典理论指导实战，举一反三，灵活运用。在讲解每一个有效的操作系统时，都把K线知识、切线知识、均线知识、指标知识、成交量知识、波浪知识融会其中，操作性极强，胜算概率较大。

第一节　在 RSI 中画线

RSI 指标以一段时期内的股价波动情况来推测股价未来的变动方向，并根据股价涨跌幅度显示市场的强弱。如果一段时间内向上波动幅度比较大，则说明市场处于多头行情，反之则处于空头行情。

RSI 指标一般以 50 为分界线，大于 50 为强势行情，小于 50 为弱势行情。亦可像均线指标一样使用，当短期 RSI 线上穿长期 RSI 线为买进信号，反之则为卖出信号。

这里介绍一种使用 RSI 指标的方法，就是趋势线操作法。

一、RSI 上升趋势线

股价走势有趋势，RSI 指标也有趋势，并且 RSI 指标可以领先于股价的走势。适当周期的 RSI 指标标示的趋势，是摆荡指标中一个十分有效的分析工具。

在 RSI 指标走势图上，连接低点与次低点，画出一条由左下方向右上方走高的直线，这条直线就是 RSI 指标的上升趋势线。

RSI 指标的上升趋势线其实也是一条支撑线，它的斜率越大，代表多头力量越强。

如果上升趋势线的斜率在 45° 以上，表示上升趋势强劲；斜率在 45° 以下，表示上升趋势较弱。

随着行情的发展，如果之后的 RSI 上升趋势线角度越来越陡峭，那么就要在原始上升趋势线之外再画一条修正上升趋势线。

RSI 指标的波动比个股波动快，因此，RSI 趋势线往往比 K 线的趋势线更早侦测出支撑与压力所在，也就能更早地预知涨跌反转。

在日线图中，RSI 指标的参数是 5。当 5 日 RSI 掉头向下跌破上升趋势线时，代表指标的上升趋势发生了反转，这时对应的 K 线高点就是压力点，也可能是本波段的最佳卖点。

对于短线投资者来说，当 5 日 RSI 掉头向下跌破修正趋势线时，就应该卖出股票了，如图 8-1 所示。

图 8-1 万泽股份（000534）5 日 RSI 跌破趋势线，应卖出

对于中长线投资者来说，可以用周线图来操作。RSI 指标在周线图中的参数为 14，如果 14 周 RSI 跌破趋势线，应该卖出，如图 8-2 所示。

二、RSI 下降趋势线

在 RSI 指标走势图中，高点与次高点连接，画出一条由左上方向右下方倾斜的直线，这条直线就是 RSI 下降趋势线。

图 8-2　广宇发展（000537）14 周 RSI 跌破趋势线，应卖出

RSI 下降趋势线其实也是一条压力线。

如果下降趋势线的斜率在 45° 以上，表示下降趋势强劲；如果下降趋势线的斜率在 45° 以下，表示下降趋势趋缓。

随着行情的发展，如果之后的 RSI 下降趋势线的角度越来越陡峭，那么就要在原始趋势线之外，再画一条新的修正趋势线。

当 5 日 RSI 折返向上突破下降趋势线，代表指标的下降趋势已经发生了反转，这时对应的 K 线低点就是支撑点，也可能是本波行情的最佳买点，如图 8-3 所示。

对于中长线投资者来说，可以在周线图中操作，RSI 指标在周线图中的参数是 14。当 14 周 RSI 突破趋势线时，应该买入并中长线持有，如图 8-4 所示。

图 8-3　中天金融（000540）5 日 RSI 突破趋势线，应买入

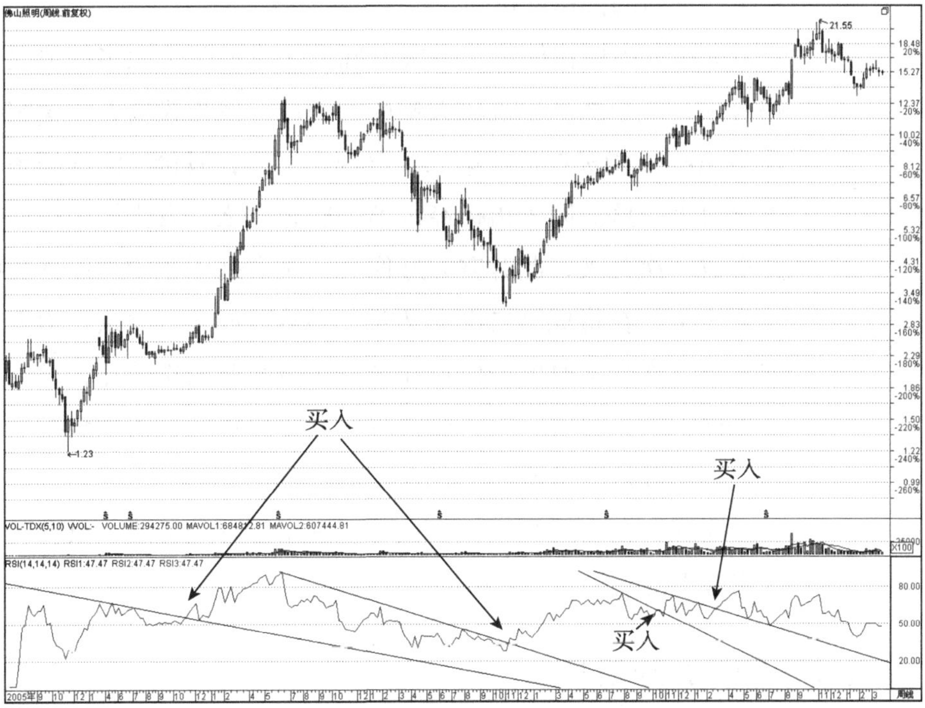

图 8-4　佛山照明（000541）14 周 RSI 突破趋势线，应买入

第二节　在 MACD 中画线

MACD 指标利用短期和长期两条平滑异同平均线，并计算两者之间的差离值，作为红绿柱长短的数据，使用中主要考虑长短期移动平均线的交叉情况和红绿柱长短数值，以此作为判断行情走势和买卖操作的依据。

在 MACD 指标的实际使用中，投资者可能感觉到，如果完全按照“金叉买进，死叉卖出”的原则操作较难获利，还有可能亏损套牢。这里介绍一下 MACD 指标的趋势线操作法，可以为大家提供一种新的操作思路。

MACD 指标在低位第一次出现金叉时，股价大多数情况下涨幅有限，或小涨后出现较大幅度的回调，使得投资者被套牢。但是当 MACD 指标在低位第二次出现金叉后，股价上涨的概率和幅度会更大一些。因为指标经过第一次金叉之后发生了小幅回调，并形成一次死叉，此时空方好像又一次占据了主动，但其实已是强弩之末。在指标第二次金叉时，必然造成多方力量发力上攻。连接第一次金叉时的最低点和第二次金叉时的次低点，可以画出一条向上的趋势线。买入股票后，只要股价在这条趋势线上方运行，就可以持股不动。

同理，在 MACD 指标中也可以画出下降趋势线，只有股价向上突破下降趋势线，才可以考虑买进。

一、MACD 上升趋势线

MACD 指标属于趋向性指标，改进了移动平均线滞后性的缺点，相较于移动平均线，可以提前发出买卖信号。如果在 MACD 指标中画出趋势线，那么趋势和买卖信号会更明显。利用 MACD 趋势线进行操作，买卖信号较为可靠。

MACD 上升趋势线的画法：找出 DIF 的最低点和次低点，连接两点得到一条直线，此直线即为上升趋势线，上升趋势线对股价具有支撑作用。

上升趋势线的斜率越大，说明上升趋势越强劲；上升趋势线的斜率越小，说明上升趋势越平缓。

如果股价跌破上升趋势线，预示行情已经到了阶段性顶部，应该卖出股票。此后趋势线由原来的支撑作用转化为压力作用，对后市股价的运行有较大的压力。

MACD 上升趋势线可以在不同的周期图中使用，投资者可以根据自己的持股时间长短选择不同的周期同，如图 8–5 至图 8–12 所示。

图 8–5 大连热电（600719）5 分钟走势图中股价跌破 MACD 上升趋势线，应卖出

图 8-6　江海股份（002484）10 分钟走势图中股价跌破 MACD 上升趋势线，应卖出

图 8-7　外运发展（600270）15 分钟走势图中股价跌破 MACD 上升趋势线，应卖出

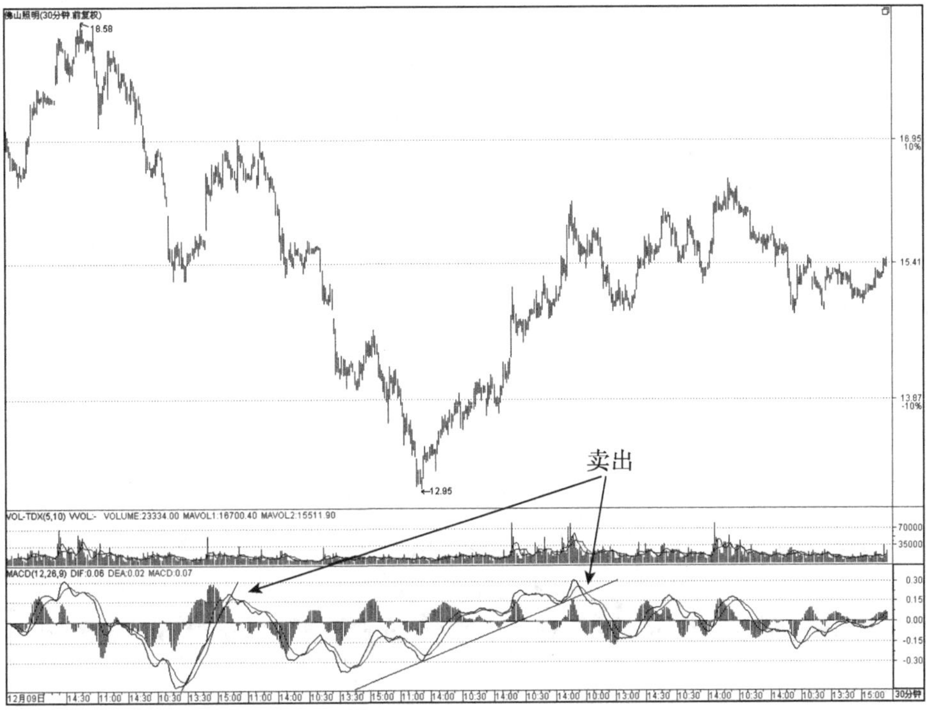

图 8-8 佛山照明（000541）30 分钟走势图中股价跌破 MACD 上升趋势线，应卖出

图 8-9 金圆股份（000546）60 分钟走势图中股价跌破 MACD 上升趋势线，应卖出

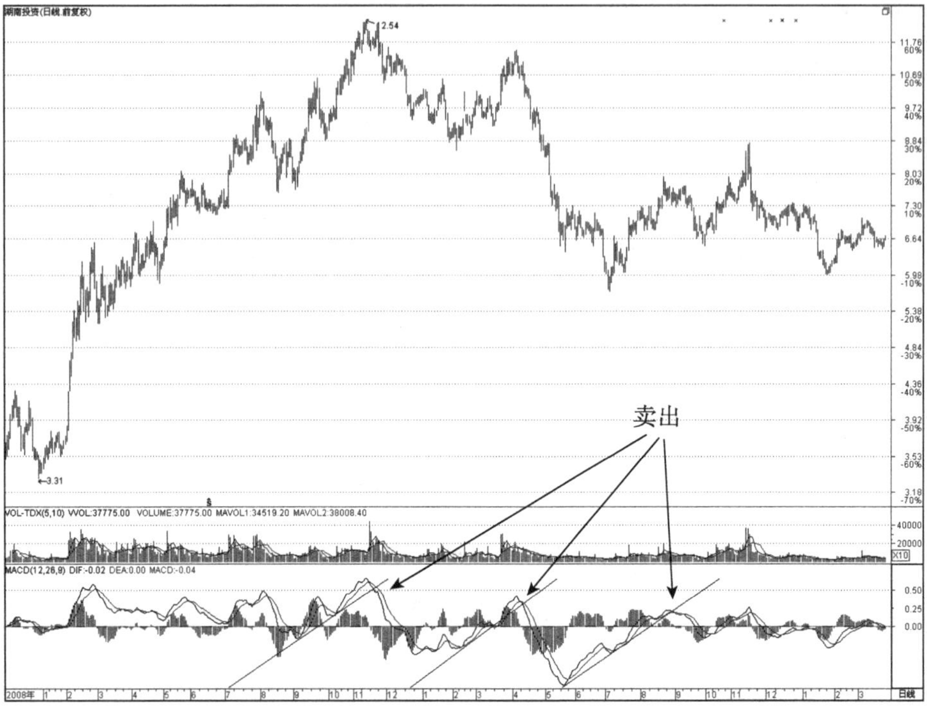

图 8-10　湖南投资（000548）日线走势图中股价跌破 MACD 上升趋势线，应卖出

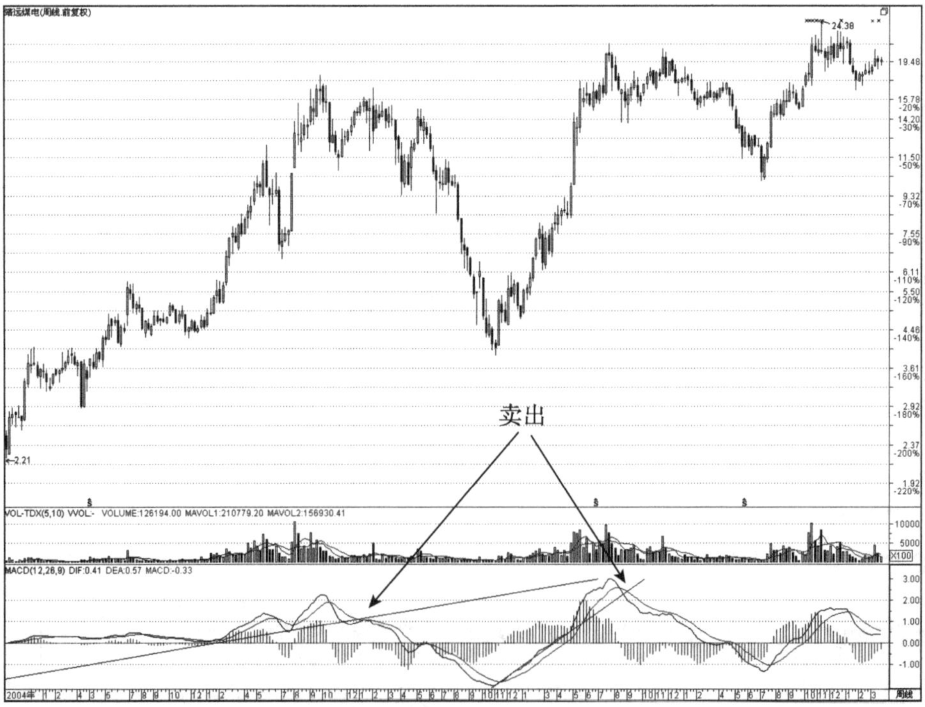

图 8-11　靖远煤电（000552）周线走势图中股价跌破 MACD 上升趋势线，应卖出

图 8-12 莱茵体育（000558）月线走势图中股价跌破 MACD 上升趋势线，应卖出

二、MACD 下降趋势线

MACD 下降趋势线的画法：找到 DIF 的最高点和次高点，连接两点得到一条直线，这条直线就是下降趋势线，下降趋势线对股价具有压力作用。

下降趋势线斜率越大，说明下降趋势越强劲，股价下跌越迅猛；下降趋势线斜率越小，说明下跌越缓慢。

如果股价突破下降趋势线，预示股价已到了阶段性底部，开始止跌反弹或由下降趋势转为上升趋势，下降趋势线也由原来对股价的压力作用转化为对股价的支撑作用。

MACD 下降趋势线可以在不同的周期图中使用，投资者可以根据自身情况选择适合自己的周期。图 8-13 至图 8-20 是 MACD 突破下降趋势线买进的情况，投资者可结合案例图找准买点。（“昆百大 A”现为“我爱我家”）

图 8-13　昆百大 A（000560）5 分钟走势图中股价突破 MACD 下降趋势线，应买入

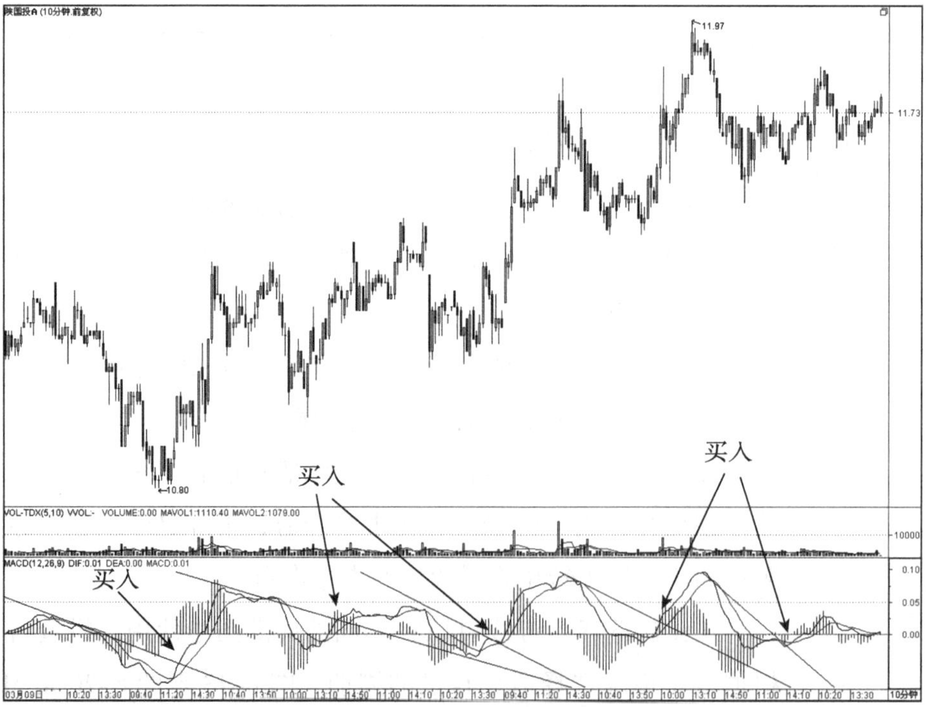

图 8-14　陕国投 A（000563）10 分钟走势图中股价突破 MACD 下降趋势线，应买入

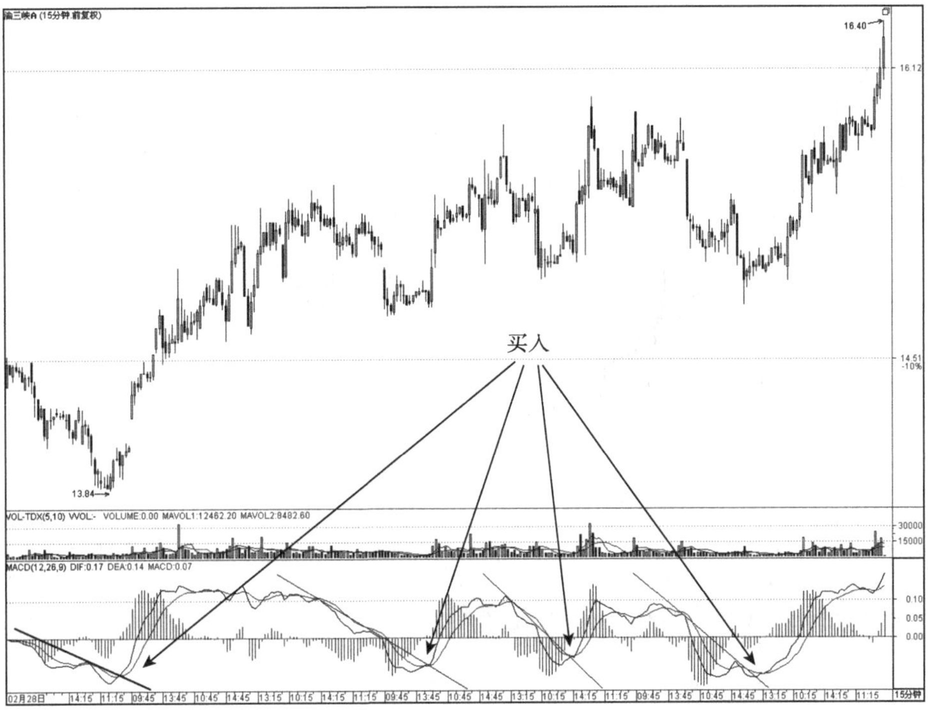

图 8-15　渝三峡 A（000565）15 分钟走势图中股价突破 MACD 下降趋势线，应买入

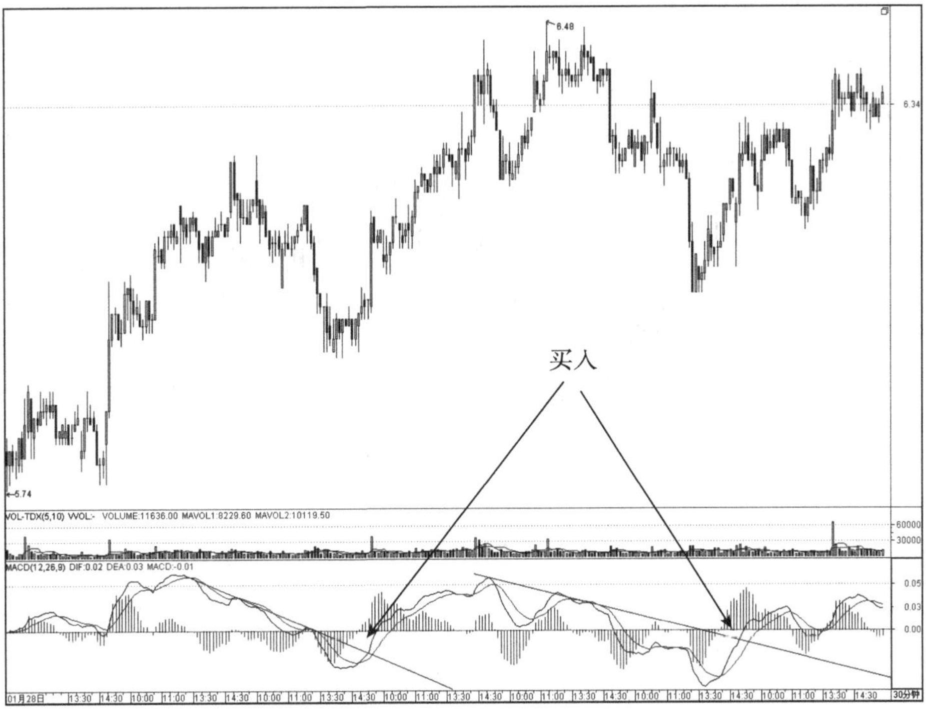

图 8-16　海马汽车（000572）30 分钟走势图中股价突破 MACD 下降趋势线，应买入

图 8-17 哈工智能（000584）60 分钟走势图中股价突破 MACD 下降趋势线，应买入

图 8-18 北部港湾（000582）日线走势图中股价突破 MACD 下降趋势线，应买入

图 8-19　启迪古汉（000590）周线走势图中股价突破 MACD 下降趋势线，应买入

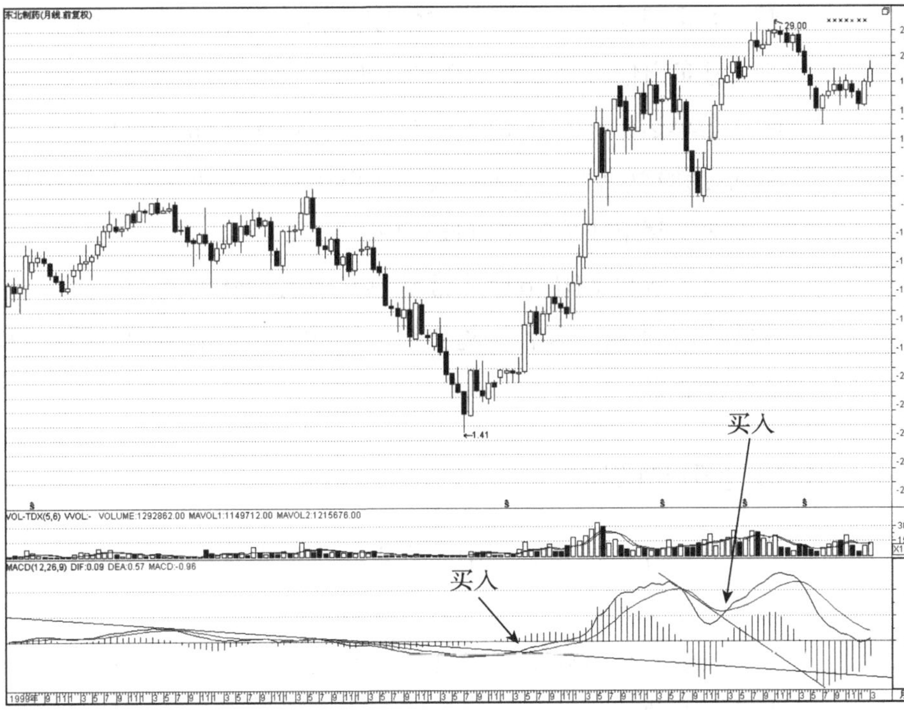

图 8-20　东北制药（000597）月线走势图中股价突破 MACD 下降趋势线，应买入

第三节　在 KDJ 中画线

KDJ 指标是一种常用指标，这个指标的优点在于反应快，能给出非常明显的买入信号和卖出信号，普通投资者易于掌握。但 KDJ 指标又有非常明显的不足，即它的反应过于敏感，投资者不是进场太早被套牢，就是出场太早导致获利减少。另外，KDJ 指标还存在低位钝化和高位钝化的问题，使投资者面对钝化问题不知所措。

要解决 KDJ 指标的钝化问题，需要深入了解该指标的使用范围。通常股价在一个有一定幅度的箱体之中运动，KDJ 指标发出的买进卖出信号是非常准确的。但在一个极强或者极弱的市场中，也就是单边上升和单边下跌行情中，KDJ 指标就会发生高位钝化和低位钝化的情况，这时候仍然按指标金叉进场和死叉出场，将会被深度套牢或丢掉主升段行情。

为了解决 KDJ 指标非常敏感和容易钝化的问题，可以把指标参数修改为 34，再利用趋势线分析的方法，实战中就能获得较好的操作效果。

一、KDJ 上升趋势线

把 KDJ 指标走势图中的低点与次低点连成一条直线，这就是上升趋势线。

KDJ 上升趋势线其实也是一条支撑线，它的斜率越大，表明市场越强劲。

上升趋势线的斜率在 45° 以上，表示上升趋势强劲；斜率在

45° 之下，表示上升趋势较弱。

随着行情的发展，如果之后的 KDJ 上升趋势线角度越来越陡峭，那么就要在原始上升趋势线之外，再画一条新的修正趋势线。

KDJ 指标能提前预知趋势的反转，因为 KDJ 指标的波动比较敏感，往往比 K 线的趋势线能更早地预测出支撑和压力的位置，更早地预判市场涨跌反转，如图 8–21 所示。

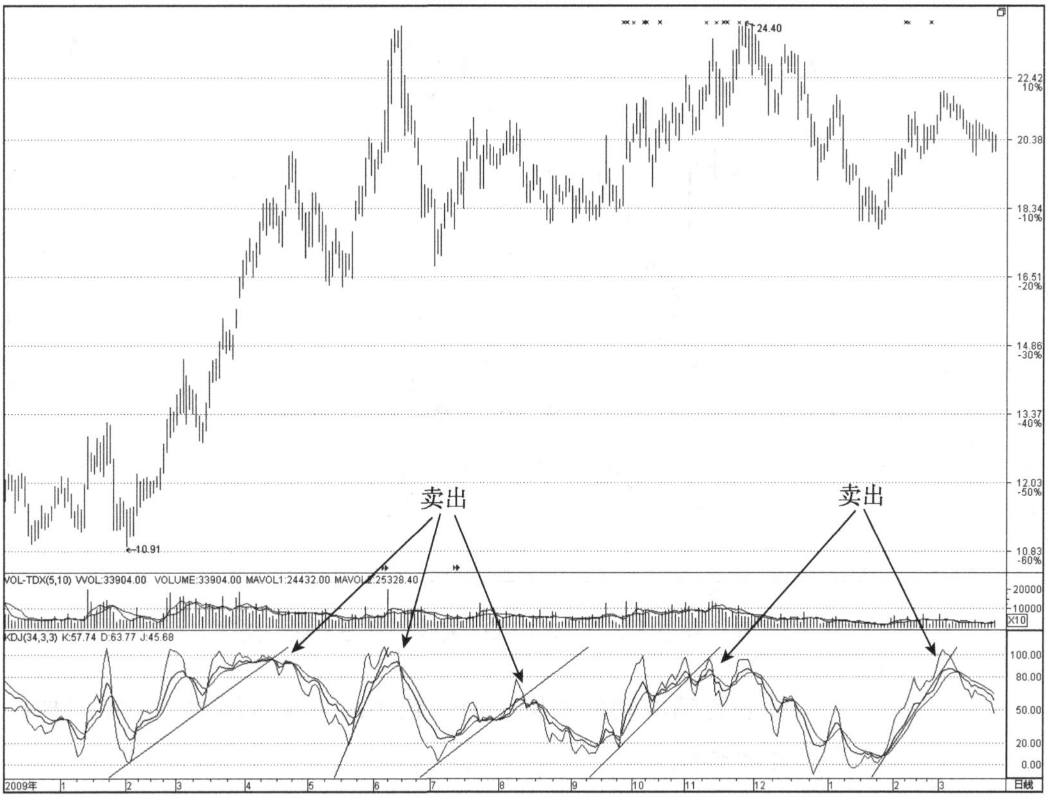

图 8–21 兴蓉环境（000598）KDJ 跌破上升趋势线，应卖出

二、KDJ 下降趋势线

把 KDJ 指标的高点与次高点连成一条线，这条线就是下降趋势线，也是一条压力线，它的斜率向下，代表空方力量较强。

如果下降趋势线的斜率在 45° 以上，表示下降趋势强劲；如果下降的斜率在 45° 之下，表示下降趋势趋缓。

KDJ 突破下降趋势线，代表趋势反转，投资者可买入股票，如图 8-22 所示。

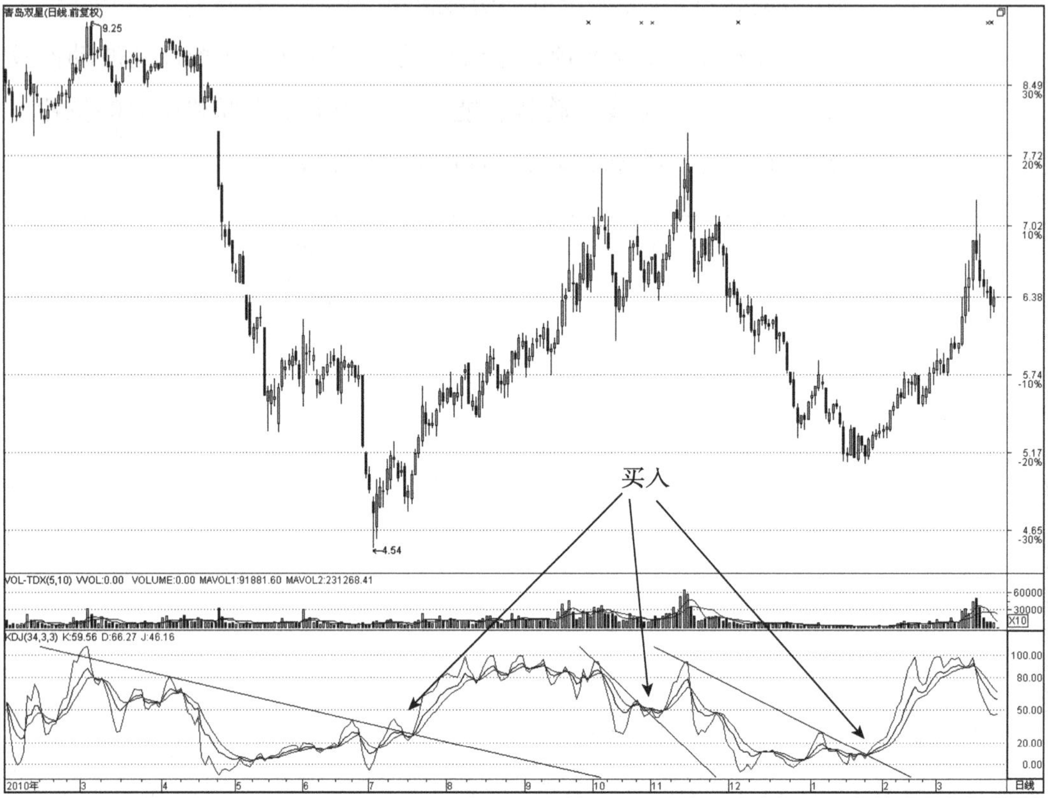

图 8-22 青岛双星（000599）KDJ 突破下降趋势线，应买入

随着行情波动的加剧，原始趋势线不起作用时，还需要画一条修正趋势线。

第四节 在 CCI 中画线

CCI 指标也叫顺势指标，专门测量股价是否已超出常态分布范围，属于超买超卖型指标。其他指标的超买和超卖界线大部分是 80 和 20，只有 CCI 指标的超买超卖界线是 +100 和 -100，这就是 CCI 的天线和地线。

好多投资者对超买和超卖这两个概念不太理解，这里解释一下。

超买就是买入股票的人数超过了一定的比例，根据大众心理，这时候应该是反向卖出股票的时机。超卖就是卖出股票的人数超过了一定的比例，根据大众心理，这时候应该反向买进股票。这是常态情况下投资者的反市场心理。如果行情非常强势，超买超卖指标就会突然失去方向，群众也似乎失去了理性，股价仿佛脱缰的野马一去不回头。对股价的这种脱轨行为，CCI 指标能提供不同的操作指导。

在行情上涨的最后阶段，往往是股价波动最凶猛的时候，这时的投资者都以疯狂的态度进入股市，促使股价在最短的时间内加快速度完成最大的波动。

在行情下跌的最后阶段，也往往是股价波动最凶猛的时候，这时的投资者都疯狂地抛出股票，股价往往会形成最后一跌。

当 CCI 超过 +100 形成最高点时，再找一个次高点，最高点和次高点连成一条压力线。当 CCI 突破压力线时，可以买进股票。CCI 超过 +100 形成高点，说明股价已到了强势区，此后 CCI 突破压力线，表明股价仍然强势，应该继续买进股票，如图 8-23 所示。

当 CCI 跌破 -100 形成最低点时，之后再找一个次低点，最低点和次低点连成一条支撑线。当 CCI 跌破支撑线时，可以卖出股票。CCI 跌破 -100 形成低点，说明股价到了弱势区。此后 CCI 跌破支撑线，表明市场继续呈现弱势走势，应该继续卖出股票或清空仓位，如图 8-24 所示。（“华智控股”现为“华媒控股”）

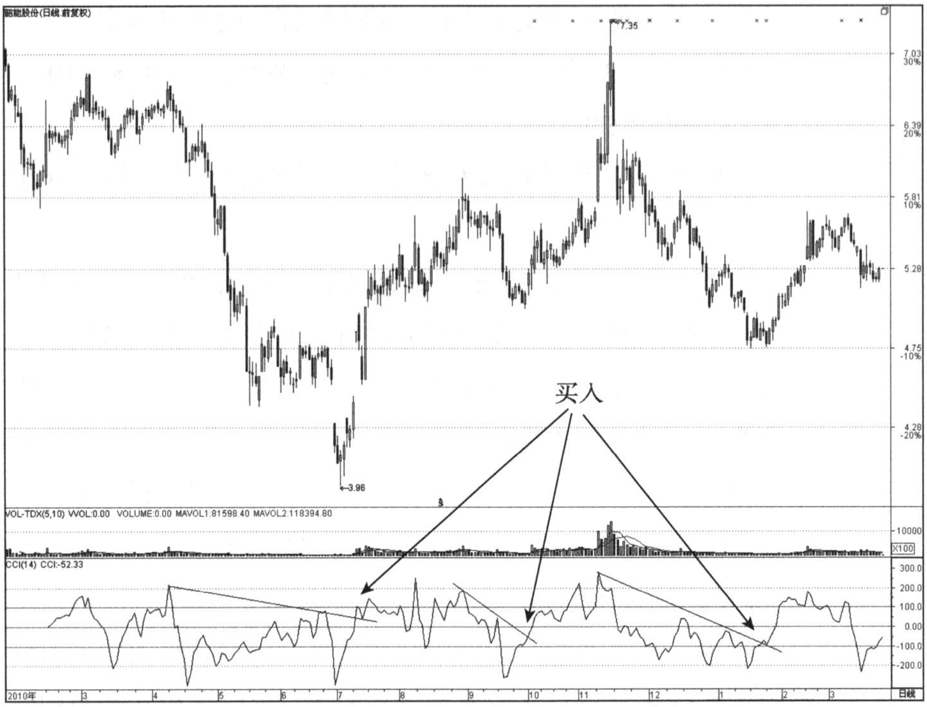

图 8-23　韶能股份（000601）CCI 突破压力线，应买入

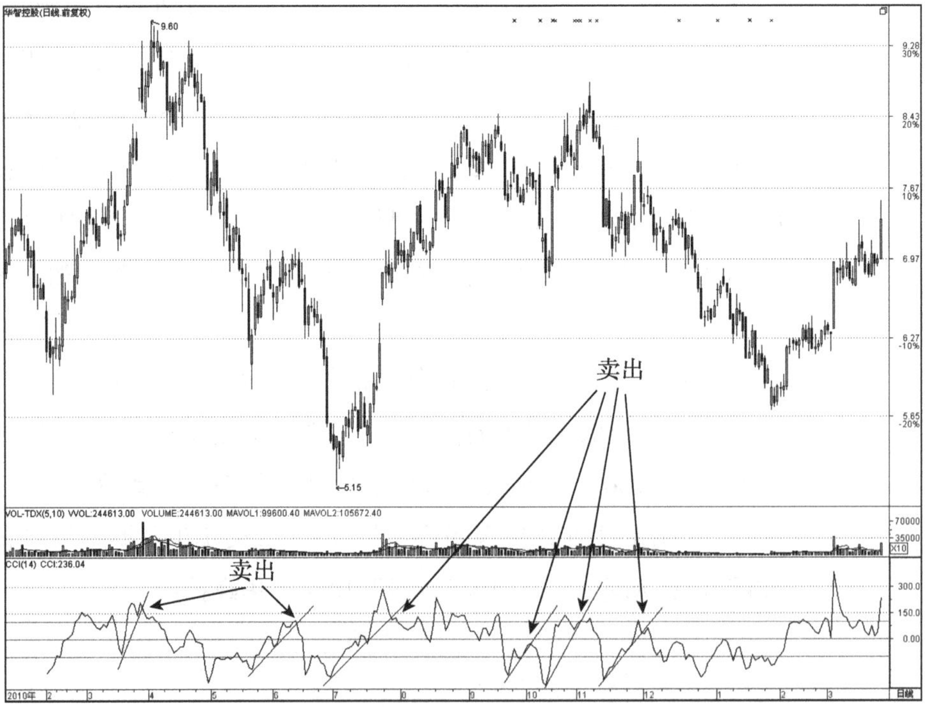

图 8-24　华智控股（000607）CCI 跌破支撑线，应卖出

第五节　在 BOLL 中画线

BOLL 也叫布林线或布林通道。作为一个非常独特的轨道指标，它能够帮助投资者勾勒出股价的基本运行趋势，清晰地把握股价高低点的运行规律。

股价上升穿越布林线上限时，回探概率大；股价下跌穿越布林线下限时，反弹概率大；布林线振动波带变窄时，表示变盘在即。

长久以来，投资者已经习惯了把布林线上限和布林线下限当成股价的压力线与支撑线，其实这是对布林线的一种误解。在日常操作中，利用布林线寻找股价的压力和支撑，或许对操作有一些帮助，但是，一旦布林线朝单方向前进时，投资者便会感到不知所措，这都是因为对布林线的认识存在误解。

布林线指标和盘面的主图可以叠加，这里就不介绍趋势线的操作方法了，主要介绍布林线朝单边发展，两次突破布林线上限或两次跌破布林线下限的平台突破操作方法。

一、平台向上突破

股价从布林线的下限启动，突破上限，在股价突破上限的位置画一条水平线，股价再次突破这条水平线时为买点。

需要特别说明的是，平台向上突破，最好用在 60 分钟走势图中，把布林线的参数设置成 12，用于捕捉短线强势股。

股价向上突破时，如果放量突破，胜算概率更大，如图 8–25 和图 8–26 所示。（“大江股份”现为“绿庭投资”）

图 8-25　大江股份（600695）股价突破水平线时买入，第二天涨停

图 8-26　南京化纤（600889）股价突破水平线时买入，当天涨停

二、平台向下突破

股价从布林线的上限开始下跌，跌破下限后，往往会有一个反弹。以股价跌破下限为基点画一条水平线，当股价再次跌破水平线时为卖点，如图 8-27 和图 8-28 所示。

图 8-27　御银股份（002177）股价跌破水平线时，应卖出

图 8-28 华策影视（300133）股价跌破水平线后出现暴跌

后 记

现在终于可以为这本书写一些最后的文字了。

此时百感交集，有种如释重负的感觉。本来有很多话想说，脑子里却一时间一片空白，一句话也说不出来。

一人一江湖，一股一世界，一线一境界。股市，我的世界，我的江湖；切线，我的操作最高境界。10多年股市，涨涨跌跌，就如本书中的几条切线，有上升有下跌。回首走过的路，耳边依然回响着追涨杀跌的声音，眼前晃动着“绿肥红瘦”的画面，但我更愿意去研究那跌宕起伏的K线后面的一条条支撑线和压力线，那是多空双方厮杀的印记，是预示股价未来走势的符号。这或许就是我写作这本书的缘起吧。

半年多的写作，痛并快乐着。为一字、一词、一句话揪发苦思，那种痛苦写在脸上，刻在心里，时刻折磨着你，撕咬着你，让你食而无味，寝而无眠。可一旦文思泉涌，把自己的操盘经验变成一行行文字，那种喜悦又无以言表，真是一种绝妙的享受。这种痛苦与快乐，随着这些文字一个个落下，离我渐行渐远。不舍也好，依恋也罢，该过去的都将过去，但股市还在，江湖还在，雄心还在，激情还在！

感谢中国宇航出版社的编辑，由于你们的辛勤劳动，本书才得以顺利出版；感谢中国股市，是你给了我一个江湖，一个充满激情、充满乐趣的世界！

欢迎大家就本书主题进行交流探讨，交流邮箱：geyan100@126.com，我的QQ：782951749。

戈 岩

2018年7月